Chuck Spezzano

Hochsensibilität als Gabe und Chance begreifen

Verlag Via Nova

CHUCK SPEZZANO

HOCHSENSIBILITÄT

als Gabe und Chance begreifen

vianova

Verlag Via Nova

Übersetzung aus dem Englischen:
Ulrike Kraemer

Originaltitel:
The Supersensitive‘s Handbook

---

2. Auflage 2021
Verlag Via Nova, Alte Landstr. 12, 36100 Petersberg
Telefon: (06 61) 6 29 73
Fax: (06 61) 96 79 560
E-Mail: info@verlag-vianova.de
Internet: www.verlag-vianova.de
Umschlaggestaltung: Guter Punkt, München
Satz: Sebastian Carl, Amerang
Druck und Verarbeitung: C.H. Beck, 86720 Nördlingen

ISBN 978-3-86616-479-6

Für Peter und Lisa Spezzano

Inhalt

1
Was ist ein hochsensibler Mensch?

Ein hochsensibler Mensch ist eine Seele, die in die Welt gekommen ist, um an vorderster Front zur Erhöhung des menschlichen Bewusstseins beizutragen. Er ist hier, um die Welt voranzubringen. Seine Sensitivität umfasst die körperliche, emotionale und spirituelle Ebene. Er ist der Vorbote einer künftigen Zeit. Er ist hier, um das Beste zu verwirklichen, das die Menschheit anzubieten hat, und uns gleichzeitig den Weg zu unserer Göttlichkeit zu weisen. Es ist seine Bestimmung, uns zu zeigen, was glückliche Beziehungen und wechselseitige Abhängigkeit bedeuten, und er soll der Todeswelt, in der wir leben, zum Aufstieg zu einer himmlischen Welt verhelfen. Es ist seine Bestimmung, den Weg zu sexueller Natürlichkeit und Unschuld zu weisen. Es ist seine Bestimmung, ein glückliches und sorgenfreies Leben zu führen und lebendiges Vorbild für einen erleuchteten Entwicklungsprozess zu sein.

Hochsensible Menschen stellen für das Ego vermeintlich eine Bedrohung dar. Deshalb tut es alles, was in seiner Macht steht, um sie zu verletzen und ihrer Handlungsfähigkeit zu berauben. Es führt sie in Versuchung durch Unabhängigkeit, Überlegenheit und Besonderheit, durch Schwelgen und Sucht, durch Zweifel und Rebellion und schließlich durch Opfersituationen und Kontrolle. Hochsensible Menschen sind Wegbereiter und das Ego fürchtet, dass sie ihre

Führungskompetenz einsetzen könnten, um die Welt auf neuen Ebenen zu einen.

Ein hochsensibler Mensch durchlebt alle Lebensthemen ebenso wie andere Menschen, kann aber tiefer fallen oder braucht länger, um sich von einem Sturz zu erholen. Er durchlebt seine Erfahrungen intensiver, als es die meisten anderen Menschen tun. Für einen hochsensiblen Menschen ist es besonders hilfreich, etwas über Heilung und emotionale Reife zu lernen, weil sein Leben sich sonst in einen Morast aus Problemen und in einen Mahlstrom des Leidens verwandeln kann. Er ist das Ziel bösartiger und astraler Energien, die zum einen nach seiner Unschuld lechzen und zum anderen nicht wollen, dass jemand etwas besitzt, das sie selbst nicht besitzen können. Ein hochsensibler Mensch wird jedoch sowohl durch seine eigene Unschuld als auch durch seine Engel beschützt. Wenn er auf dem „Pfad der Tugend" bleibt, dem Weg der Wahrheit und der Reinheit vertraut und sich seiner Lebensaufgabe hingibt, kann er die Fallstricke der Welt umgehen.

Viele hochsensible Menschen kommen in die Welt, um zu ihrer sexuellen Heilung beizutragen, damit Sex wieder den ihm angestammten Platz als Instrument der Verbindung und der Liebe im Leben der Menschen einnehmen kann. Da hochsensible Menschen oft sexuell frühreif sind, werden sie ungeachtet der Tatsache, dass sie versprochen haben, Wegbereiter und Heiler auf diesem Gebiet zu sein, häufig von sexueller Schuld und Scham angegriffen. Oftmals werden sie auch sexuell missbraucht, weil andere Menschen etwas von ihrer Unschuld und ihrem schillernden Wesen für sich erringen wollen. Die dunklen astralen Energien, die der dunklen übernatürlichen Ebene entspringen, können sie angreifen und vollständig lähmen.

Beziehungen und Sex können auch für einen hochsensiblen Menschen eine große Falle darstellen, wenn er seinen Partner, seine Beziehung oder Sex in einen Götzen verwandelt. Das kann vor allem dann zerschlagene Träume zur Folge haben und zu einem bösen Erwachen führen, wenn Abhängigkeit sich bei ihm als Verliebtheit oder Liebe maskiert. Ein zerschlagener Traum kann das Verlangen, jemand anderen zu besitzen, entweder in noch tiefere Abhängigkeit oder aber in eine dissoziierte Unabhängigkeit verwandeln, deren Folge ein tiefer Widerstand gegenüber den Menschen in seinem Umfeld ist, die abhängig sind und besitzen wollen. Zerschlagene Träume können einen hochsensiblen Menschen in Unabhängigkeit, Kontrolle, rechthaberischem Verhalten, Konkurrenz und Überlegenheit gefangen halten. Er kann versuchen, sich vor dem Schmerz und den zerschlagenen Träumen zu schützen, die er selbst durchlebt hat, als er aus seiner Abhängigkeit heraus einen anderen Menschen besitzen wollte.

Alle Lebensbereiche, in die sich ein Mensch für gewöhnlich verstricken oder an denen er sogar zerbrechen kann, stellen für einen hochsensiblen Menschen ein großes Thema dar. Wenn er fehlerschafft, kann er extrem weit in die entgegengesetzte Richtung gehen. Er kann in seinem Verlangen nach Besonderheit einerseits großspurig, überlegen und arrogant sein, sich andererseits aber auch erniedrigen und allen nur erdenklichen Formen von Angriff, Trauma und Selbstangriff aussetzen, um sich zu verstecken und in Kleinheit und Opferdenken zu investieren. Er hat Angst, sich zu zeigen, und er fürchtet sich vor seiner Größe. Er fürchtet sich vor seiner Lebensaufgabe und davor, die großen Dinge zu vollbringen, um derentwillen er in die Welt gekommen ist. Er ist hier, um eine Wiedergeburt einzuläuten, und mit einem starken Bekenntnis und der Hilfe des HIMMELS kann es ihm gelingen. Seine Lebensaufgabe besteht darin, Transzendenz zu bringen. Wenn er seine Bestimmung annimmt, kann er das Stadium der Einheit erreichen und die Welt zusammenbringen.

Wie bei uns allen zeigt jedes Hindernis, vor dem ein hochsensibler Mensch steht, jedoch auch eine unterbewusste Angst vor dem nächsten Schritt. Jedes Hindernis zeigt Zweifel und die Angst, zu versagen oder nicht stark, würdig oder rein genug zu sein. Wenn wir uns vor dem nächsten Schritt fürchten, suchen wir nach einem Problem oder einem Kampf, um uns abzulenken. Wenn wir uns vor der nächsten Ebene oder dem nächsten wichtigen Kapitel in unserem Leben fürchten, führen wir ein großes Problem, einen Unfall oder eine Krankheit herbei, um uns aufzuhalten.

Wenn er sich ausschließlich auf sich selbst verlässt, können das Maß seiner eigenen Größe und die Dimension seiner Lebensaufgabe für einen hochsensiblen Menschen äußerst beängstigend sein. Vision, Verpflichtung und die Bereitschaft, die eigene Genialität und Sensitivität anzunehmen, können ihn jedoch dazu befähigen, seine Lebensaufgabe zu verwirklichen und seine Bestimmung zu erreichen, vor allem dann, wenn er die Hilfe des HIMMELS willkommen heißt. So erschließt sich ihm die Domäne radikaler Abhängigkeit oder radikaler Spiritualität. Ohne die Hilfe der Gnade gelangen Menschen nur selten über das Stadium der Vision hinaus auf die höheren Ebenen ihrer Bestimmung, zu denen Meisterschaft und Einheit gehören.

Fast alle hochsensiblen Menschen besitzen mystische Fähigkeiten. Es gehört zu ihrer Bestimmung, einen Teil ihrer Zeit in höheren Sphären zu verbringen. In dem Maße, in dem sie ihr eigenes Bewusstsein erhöhen, tragen sie zur

Erhöhung des Bewusstseins in der Welt bei. Sie sind hier, um die Welt auf einer neuen Ebene zu einen. Würden sie alle Selbstkonzepte durchschneiden, um sich als grenzenloser, reiner Geist zu erkennen, würde diese Erkenntnis ihnen den Zugang zum CHRISTUS-BEWUSSTSEIN eröffnen und sie würden zu einem Erlöser der Welt.

Damit ein hochsensibler Mensch also sein Ziel erreichen und der sein kann, der zu sein er versprochen hat, ist er aufgefordert, an seiner Heilung zu arbeiten. Er ist aufgefordert, darauf zu vertrauen, dass die Gnade alles in ihm und durch ihn vollbringt. Ohne Heilung kann es rasch geschehen, dass ein hochsensibler Mensch sich verirrt. Er kann mühelos verbergen, wer er ist und warum er gekommen ist, indem er kulturell und gesellschaftlich angepasst lebt. Neben Erfolg und Glück im Leben gibt es jedoch noch etwas, das nur er allein tun kann, und wenn er diesen Beitrag nicht leistet, wird er nicht mit der Welt geteilt, die dadurch ein ärmerer Ort ist. Wenn er schließlich die letzten Ebenen auf dem Weg zum EINSSEIN – die Stadien der Erneuerung und der Vereinigung jenseits des Stadiums der Einheit – meistert, gelangt er zur Erkenntnis seiner selbst als reiner Geist. Dann erfüllt er seine Lebensaufgabe als ein Erlöser der Welt.

2
Das Grundbedürfnis hochsensibler Menschen

Hochsensible Menschen stehen bei ihrer Geburt vor genau denselben Dingen, vor denen wir alle stehen. Jeder, der auf die Welt kommt, sucht nach etwas. Diese Vorstellung gefällt vielen hochsensiblen Menschen jedoch nicht, weil sie glauben, über der Welt zu stehen und ihr ein wenig „entrückt" zu sein. Wie wir alle suchen sie nach etwas, von dem sie hoffen, dass es sie glücklich macht. Es ist jedoch nur eine Frage der Zeit, bis ihr Grundbedürfnis zu einem Götzen wird, und Götzen führen zu Desillusionierung und zerschlagenen Träumen. Wenn jemand außerhalb von sich nach seinem Glück und seiner Sicherheit sucht – und genau das macht einen Götzen aus –, dann ist er von äußeren Quellen abhängig. Das ist kein guter Plan, denn es hat tiefste Enttäuschung und zerschlagene Träume zur Folge. Zerschlagene Träume sind die schmerzhafteste Form eines Herzensbruchs, weil ihre Auswirkungen uns ein Leben lang zeichnen können.

In meinen Workshops habe ich schon viele hochsensible Menschen sagen gehört, sie seien zornig auf GOTT, weil ER sie in diese Welt gesandt habe. Das war in meinen Augen immer eine *schöne Geschichte*, mit der sie sich selbst weismachten, dass sie nicht hier sein wollten und gegen ihren Willen in die Welt geschickt worden waren. Sie übernahmen noch nicht einmal die Verantwortung dafür, dass sie hier waren, während sie gleichzeitig versuchten, sich vom Chaos der Welt zu distanzieren. Das hatte zur Folge, dass sie immer ein wenig abseits blieben. Wenn wir der Sache auf den Grund gingen, stellten wir jedoch in allen Fällen fest, dass ein bestimmtes Grundbedürfnis sie dazu gebracht hatte. Nachdem sie zu dieser Erkenntnis gelangt waren, gaben sie ihren Groll gegen GOTT widerstrebend auf. Sie waren bereit, Verantwortung für ihr Leben zu übernehmen. Sie vergaben GOTT für *ihre eigene* Entscheidung, sobald sie erkannt hatten, wie sehr sie ihren Widerwillen dagegen bewies, ihre Lebensaufgabe zu erfüllen. Sie waren in höherem Maße bereit, GOTT zu vergeben, als sie begriffen, dass sie, wie es in *Ein Kurs in Wundern* heißt, unzähligen Millionen helfen konnten, wenn sie GOTT vergaben.

Wenn du nicht hier sein willst, hast du ein Urteil über die Erde gefällt. Du fühlst dich den Bewohnern der Welt mit ihrem geschäftigen irdischen Leben, ihren kleinen Träumen und ihrem Streben nach allen nur erdenklichen bedeutungslosen Dingen überlegen. Als die hochsensiblen Teilnehmer an meinen Workshops erkannten, dass sie ebenso wie andere Menschen ein Bedürfnis hatten, das sie in diesem Leben heimlich erfüllen wollten, wurden sie demütig. Sie waren bereit, ihre Lebensaufgabe zu ergründen, die stets Glück, Heilung und ihre ganz konkrete Aufgabe umfasste. Ihre Distanziertheit und ihr Verlangen nach Trennung hatten schon früh in ihrem Leben zu Schmerz und Herzensbrüchen geführt. Als sie erkannten, dass sie ein Grundbedürfnis hatten und dass ihr Streben nach der Erfüllung äußerer Bedürfnisse nur zu Schmerz führte, konnten einige von ihnen auch ihre Besonderheit loslassen. Viele Menschen streben nach Besonderheit, weil sie das Grundverlangen des

Egos ist. Besonderheit ist jedoch von Konkurrenz geprägt und zerstört Wahrheit, Freiheit, Authentizität und Verbundenheit. Besonderheit fordert Aufmerksamkeit, während unsere Begabtheit und unsere Liebe geben und dadurch ganz natürlich und wahrhaftig Anerkennung gewinnen.

Als Gegengewicht zu unserem Grundbedürfnis, das wir alle aufspüren und erfüllen wollen, wurde uns eine Lebensaufgabe mit besonderer Funktion übertragen. Sie ist das wirklich Besondere an unserem Leben. Wir sind hier, um sie zu verwirklichen. Sie bringt uns Erfüllung und macht uns glücklich. Ungeachtet der Tatsache, dass unser Schmerz größtenteils den zerschlagenen Träumen entspringt, die von unseren Grundbedürfnissen herrühren, benutzen wir zerschlagene Träume auch als eine willkommene Ausrede, um unserer Lebensaufgabe aus dem Weg zu gehen. Dieser Fehler hält uns in einem Muster aus Opferrolle, Aufopferung und Unabhängigkeit gefangen. Je mehr wir in einem solchen Muster gefangen sind, desto mehr glauben wir, die Antwort sei außerhalb von uns zu finden. Dadurch geraten wir in einen Teufelskreis aus Bekommen-Wollen, Leiden und Enttäuschung. Zwar müssen wir alle uns diesem Thema stellen, aber ein hochsensibler Mensch erholt sich womöglich nie von dem Schmerz und der Wucht des ursprünglichen Herzensbruchs und der Desillusionierung aus der Zeit, in der seine Eltern oder sein Partner seine Bedürfnisse oder Erwartungen nicht erfüllen konnten. Diese Traumen machen es wesentlich schwieriger, frühe Kindheitserlebnisse zu überwinden.

Mein Vater bat mich aus reiner Neugierde einmal, ihn in sein vorheriges Leben zurückzuführen. Wie sich herausstellte, war er vor etwa hundertfünfzig Jahren in Texas geboren worden und hatte zusammen mit seiner Mutter auf einem kleinen Gehöft in den Bergen gelebt. Sein Vater war früh gestorben, und Mutter und Sohn fristeten ein ausgesprochen tristes Dasein. Als erwachsener Mann wurde er Cowboy und trieb Vieh von Texas nach Montana. Sein Leben war von Einsamkeit geprägt. Das war der Grund, warum mein Vater unbedingt eine Familie haben wollte. Auch wenn es völlig natürlich ist, dass wir unsere Bedürfnisse erfüllt haben wollen, kann das Verlangen danach sogar ganz normale Dinge in Götzen verwandeln. Achte also darauf, worum du bittest, denn mein Vater bekam die „wahnsinnige“ Familie, die wir damals waren. Viele Menschen können kaum glauben, dass ich in der Familie der ruhige Vertreter war.

Grundlegende Meinungsverschiedenheiten führten dazu, dass sich die Beziehung meiner Eltern nach den ersten zehn Jahren zusehends verschlechterte. Hier gab es eine wesentliche Lektion zu lernen, die aber nur bis zu einem gewissen Grad gelernt wurde, sodass unser aller Leben von einem hohen Maß an Schmerz geprägt war. Meine Mutter war Krankenschwester von Beruf und suchte – ihrer Zeit voraus und ganz im Gegensatz zu meinem Vater – nach mehr als einer Familie, um sich vollständig zu fühlen. Gegensätzliche Grundbedürfnisse können viele Auseinandersetzungen und ein hohes Maß an Schmerz zur Folge haben. Meine Eltern machten die Zeit durch, in der sich die traditionellen Familienrollen allmählich auflösten. Viele Frauen, und dazu gehörte auch meine Mutter, wollten Unabhängigkeit und Anerkennung. Mein Vater, der sich aufopferte, um für uns zu sorgen, hoffte einfach auf mehr Rückhalt seitens meiner Mutter, um die Familie zusammenzuhalten. Meine Mutter war eine *Tigerpersönlichkeit* und mein Vater hatte nur eine äußerst vage Vorstellung von ihren besonderen Bedürfnissen und davon, wie er eine funktionierende Beziehung – und damit eine funktionierende Familie – erreichen konnte. Es gab viele Missverständnisse und später viele Konflikte. Diese Geschichte ist typisch für das, was geschieht, wenn wir in ein irdisches Leben hineingeboren werden.

Frustration oder Enttäuschung zeigen, wo wir von einem anderen Menschen erwarten, dass er unsere Bedürfnisse erfüllt. Dies zeigt einen Mangel an Integrität, weil wir nur dann eine Erwartung an einen anderen Menschen haben können, wenn *wir* das, was wir von ihm erwarten, ihm oder uns nicht geben. Nehmen wir beispielsweise an, dass wir von unserem Partner oder einem Elternteil erwarten, dass er uns liebt und für uns sorgt. Das zeigt, dass wir *ihn* oder uns selbst nicht lieben und nicht für *ihn* oder uns selbst sorgen. Erwartungen rühren von Forderungen her, und Forderungen rühren von Bedürfnissen her. Die Frustration und die Enttäuschungen, die mit Erwartungen einhergehen, entstehen nur, wenn wir nicht geben, was wir fordern. Erwartungen und Enttäuschungen, die insbesondere die Entwicklung hochsensibler Menschen sehr stark behindern können, sind große Fallen. Erwartungen und Enttäuschungen rühren von Bedürfnissen und Desillusionierung her, wobei es unerheblich ist, ob unsere Bedürfnisse erfüllt werden oder nicht.

Das kann uns im Leben zurückwerfen, bis wir erkennen, dass Desillusionierung der Verlust einer Illusion ist. Wenn wir den Verlust und die Depression überwinden, können wir die Desillusionierung nutzen, um eine gesunde Veränderung herbeizuführen, indem wir erkennen, wo wir ein Bedürfnis nach äußeren Dingen hatten, um uns besser zu fühlen. Dann können wir die Erwartungen und Forderungen – zusammen mit dem ihnen zugrundeliegenden Bedürfnis – loslassen. Das bringt uns ganz natürlich in den Fluss zurück und wir gelangen voran, um zu empfangen.

Überlege, wo du dir in Bezug auf deine Mutter, deinen Vater, Männer, Frauen, Familien, Beziehungen, Sex, Geburt, Bildung, Religion, Sport oder andere Dinge vielleicht schon einmal die Frage gestellt hast: „Ist das alles?“ Auch wenn du das Gefühl der Desillusionierung kompensiert hast, das von der Illusion herrührt, die Erfüllung eines bestimmten Bedürfnisses könne dich glücklich machen, bedeutet das nicht, dass es sich nicht nach wie vor auf dich auswirkt. Das ist nur dann nicht der Fall, wenn du es geheilt hast. Es hält dich so lange zurück, bis du es aufgibst, aber das ist nicht möglich, wenn du deine Götzen und Grundbedürfnisse nicht loslässt. Wenn es sich noch auf dich und dein Leben auswirkt, hältst du noch daran fest. Dann bist du nicht in der Lage, dir selbst, dem Bedürfnis und den daran beteiligten Menschen zu vergeben. Wenn du das Gefühl der Desillusionierung überdeckt hast, indem du deinen Schmerz und deine Bedürfnisse kompensierst, kannst du dich nun dafür entscheiden, diese Gegensätze in Ganzheit und Frieden miteinander zu verschmelzen. Du kannst dein Leben und dein Herz zurückgewinnen, wenn du dir zum Ziel setzt, Heilung zu erlangen und die Wahrheit zu erkennen.

3
Die Mission

Jeder hochsensible Mensch hat seine eigene Lebensaufgabe, die er allein erfüllen kann. Er ist aufgerufen, die Welt durch seinen Feinsinn, seine Sensibilität und seine Gaben zu einen. Er ist dazu bestimmt, die Welt durch seine Entdeckungen, seine künstlerischen Fähigkeiten und seinen Schöpfergeist in großen Schritten voranzubringen. Er bringt ein höheres Maß an Natürlichkeit, Unschuld und Spiritualität mit und ist weniger in dem Glauben gefangen, dass er ein Körper *ist*. Stattdessen glaubt er für gewöhnlich, dass er einen Körper *hat*, um zu lernen und anderen Menschen zu helfen. Er hat stärker ausgeprägte künstlerische und spirituelle Neigungen. Er interessiert sich für Übersinnlichkeit, Metaphysik und Aspekte der Jenseitigkeit. Jeder Mensch besitzt ein gewisses Maß an übersinnlichen Fähigkeiten, aber hochsensible Menschen sind meist mit natürlichen übersinnlichen Gaben ausgestattet, die über das normale Kommunikationsspektrum hinausreichen. Sie sind nicht unbedingt religiöser, aber ganz allgemein in höherem Maße spirituell ausgerichtet. Sie sind hier, um das Bewusstsein auf der Erde zu erhöhen und zu ihrer Evolution beizutragen. Hochsensible Menschen haben den Wunsch, die Welt zu einem besseren Ort für alle zu machen, indem sie die Samen einer höheren, durch einen feineren Geschmack, mehr Mitgefühl und größere Verbundenheit geformten Intelligenz säen. Und auch wenn sie nicht aufgerufen sind, für Ärzte ohne Grenzen zu arbeiten oder einen ähnlichen Beitrag an vorderster Front zu leisten, so hoffen sie dennoch, der Welt helfen zu können, indem sie ihr eigenes Bewusstsein erhöhen, sodass dessen Resonanz alle Menschen auf eine höhere Stufe hebt.

Während manche hochsensible Menschen in Kunst, Wissenschaft oder anderen Bereichen ihren eigenen Weg gehen, sind andere stärker sozial und politisch engagiert. Man findet sie in Heilberufen und allgemein in Tätigkeitsbereichen, die Menschen einander näherbringen. Hochsensible Menschen, die nicht gesellschaftlich und kulturell angepasst leben oder den Ängsten ihrer Familie um ihr Wohlergehen und ihre Sicherheit nachgegeben haben, machen sich generell weniger Sorgen um ihren Lebensunterhalt und die Sicherheit ihres Arbeitsplatzes. Sie sind meist großzügig und auf das Gesamtgefüge der Gesellschaft bedacht, statt sie nur durch die Augen ihrer eigenen Schicht oder persönlichen Interessen zu sehen. Sie haben keinen überhöhten Blick auf reiche Menschen oder die gesellschaftliche Oberschicht, wertschätzen aber Weisheit, Kunst und alles, was die Gesellschaft insgesamt voranbringt. Sie sind nicht in Rollen, Regeln und Pflichten gefangen, sondern stattdessen Prinzipien, Authentizität, Freiheit, Mühelosigkeit und der Wahrheit verpflichtet. Wichtiger als Partnerschaft und Freundschaft sind ihnen nur Vision und das, was sich mit der ganzen Welt partnerschaftlich verbindet. Wenn sie nicht in die Falle ihres eigenen Egos und seiner narzisstischen Neigungen tappen, nutzen hochsensible Menschen ihre natürliche Bewusstheit als Werkzeug, um anderen Menschen zu helfen und sie in Gegenseitigkeit zusammenzubringen. Sie besitzen ein höheres Maß an Intuition und die natürliche Fähigkeit, sich in Menschen und Situationen einzufühlen. Wenn sie nicht emotional erstarrt sind, inspirieren sie die Menschheit durch das, was möglich ist, indem sie ihre Lebensaufgabe erfüllen. Sie tun es in partnerschaftlicher Verbindung mit dem HIMMEL, weil die eigene Lebensaufgabe nur durch Gnade erfüllt werden kann.

4
Die Kinder von heute

Es heißt, dass die Kinder von heute mit einem IQ geboren werden, der durchschnittlich 20 Punkte über dem ihrer Eltern liegt. Das scheint ebenso für ihre emotionale wie für ihre spirituelle Intelligenz zu gelten. In unserer Generation haben Kinder – und insbesondere hochsensible Kinder – das Gefühl, über ihre Eltern hinausgelangen zu müssen. Sie wollen über die Kultur hinausgelangen, in der sie aufgewachsen sind. Sie haben das Gefühl zu ersticken und glauben, ausbrechen zu müssen. Wenn zwischen Kindern und Eltern eine starke Verbundenheit besteht und die Kinder sich von ihren Eltern inspirieren lassen, suchen sie nach Möglichkeiten, von innen heraus einen besseren Weg zu finden. Wenn sie als der geliebt und ermutigt werden, der sie sind, finden sie nicht nur einen Weg, sich auszuzeichnen, sondern suchen auch nach Möglichkeiten, anderen Menschen zu helfen. Sie verpflichten sich, ihre künstlerischen Fähigkeiten und ihren Schöpfergeist zu entwickeln. Diese Kinder brauchen Unterstützung. Sie brauchen Verständnis und Mitgefühl. Sie sind möglicherweise „Spätzünder" und brauchen noch länger als wir, um sich zu entwickeln – sowohl hin zu dem, der sie sind, als auch hin zu dem Beitrag, den sie leisten wollen, um der Welt zu helfen.

Wenn es nicht bereits im Keim erstickt wurde, werden die Kinder von heute *mit einem ökologischen Bewusstsein geboren*. Sie erkennen die Notwendigkeit eines umweltbewussten Lebens und wissen, dass wir uns gut um unseren Heimatplaneten kümmern müssen. Kinder, die unterdrückt oder verletzt wurden, können dagegen ihr ganzes Leben lang kulturell und gesellschaftlich angepasst leben. Kinder, die gedemütigt oder verspottet wurden, überwinden ihre Verletzungen häufig auch dann nicht, wenn sie zahllose Therapien machen. Sie haben Angst, sich zu zeigen und sie selbst zu sein. Sie haben Angst vor der Autorität ihres *Seins*. Ihr *Sein* scheint der Gesellschaft und der Kultur als solche zuwiderzulaufen.

Kinder, die stark sind, ertragen das System, leisten ihren Beitrag und werden zu den Führungspersönlichkeiten, die gebraucht werden, um Veränderung zu bewirken. Kinder, denen es an Verbundenheit oder Verstehen mangelt, werden zu Rebellen, und das ist für alle ein großer Verlust. Wenn sie nicht in Rebellion gefangen sind, neigen sie zur Schwäche, schwelgen oder werden drogenabhängig. Möglicherweise fürchten sie sich auch einfach davor, sie selbst zu sein.

Es gibt jedoch ein Maß an Reinheit und Unschuld, das zusammen mit dem notwendigen Selbstvertrauen gestärkt werden kann, um über die Naivität hinauszugelangen, die Herzensbrüche verursacht. Die starken Kinder können von den Menschen in ihrem Umfeld lernen, Selbstvertrauen zu entwickeln, damit sie erkennen, dass es, wenn etwas nicht funktioniert, eine Lektion gibt, die es zu lernen gilt. Das hat zur Folge, dass eine Enttäuschung oder ein Herzensbruch für sie nicht das Ende der Welt bedeutet, sondern nichts anderes ist als eine Lektion, die sie lernen müssen. Sie sind, um es mit den Worten der Bibel zu sagen, aufgerufen, klug wie die Schlangen und arglos wie die Tauben zu sein. Um ihr Kind darin ermutigen zu können, müssen Eltern diesen Weg selbst gegangen sein und Verletzungen aus der Vergangenheit in gegenwärtige Gaben und Weisheit verwandelt haben.

Für hochsensible Menschen ist es nahezu unmöglich, nicht verletzt zu werden. So habe ich gelesen, dass Säuglinge, die an Koliken leiden, eigentlich hochsensibel sind und auf dissonante gesellschaftliche Einflüsse und das Leiden in der Welt reagieren. Es gibt jedoch Dinge, die einem an Koliken leidenden Säugling helfen können, ein normaler Säugling zu werden. Für unseren Sohn entdeckten meine Frau und ich eine Reihe von Möglichkeiten, darunter beispielsweise Rolfing für Säuglinge. Es stellte sich jedoch heraus, dass wir ihm am besten helfen konnten, indem wir uns auf kommunikativen und emotionalen Ebenen miteinander verbanden. Das bewirkte, dass unser Sohn wesentlich weniger weinte und zu einem normalen Baby wurde.

Die Verbundenheit innerhalb der Familie und zwischen den Eltern als Paar ist einer der wichtigsten Grundsteine für ein hochsensibles Kind. Damit können sich die Gaben des Kindes entwickeln. Forderungen und Erwartungen mangelt es dagegen an Integrität. Sie sollen das Kind nur dazu zwingen, das zu tun, *was die Eltern nicht tun*. Forderungen und Erwartungen sind Schachzüge, die *deine* Schwächen und *dein* Gefühl der Unzulänglichkeit wettmachen sollen. Du erwartest oder forderst von deinen Kindern oder deinem Partner nur das, was du nicht gibst – ihnen nicht und noch nicht einmal dir selbst. Anstelle von Forderungen und Erwartungen kannst du ihnen helfen, Ziele zu setzen, und sie ermutigen, ihren Träumen zu folgen. Du ermächtigst sie, wenn du deinen eigenen Träumen folgst. Du motivierst sie durch Inspiration, dadurch, dass du das lebst, was dich inspiriert und was dein Herz berührt. So haben sie jemanden, zu dem sie aufschauen und den sie zum Vorbild nehmen können.

Forderungen und Erwartungen erzeugen Verbitterung und ein gespaltenes Bewusstsein, das du infolge der Trennung an das Kind weitergibst. Das führt irgendwann dazu, dass das Kind dir aus dem Weg geht und dich manchmal sogar dafür hasst, dass du es in so hohem Maße antreibst, statt ihm und dir selbst zu vertrauen. Es mag auf eine neue Erfolgsstufe gelangt sein, aber der Preis, den du dafür bezahlst, ist eure Beziehung.

Wenn du ein inspiriertes Leben lebst, wirst du feststellen, dass die Freunde deiner Kinder deine Nähe suchen, um etwas von der guten Vater- oder Mutterenergie aufzusaugen, die du ausstrahlst. Diese Verbundenheit kann auch dazu beitragen, die entsetzlich hohe Selbstmordrate unter Kindern und Jugendlichen zu verringern. Wenn man keine Hoffnung hat und glaubt, dass es niemanden gibt, an den man sich wenden kann, ist es leicht, einfach aufzugeben. Weniger gravierende Aspekte dieser Situation sind Probleme, Drogenmissbrauch, Promiskuität, Nervenzusammenbrüche, Gewalt und Versagen. Außerdem kann sie dazu führen, dass Kinder sich nicht mit Gleichaltrigen verstehen oder in der Schule in eine Clique geraten, die andere ausschließt. Im Endeffekt geht es dabei nur um eine Angst davor, alles zu sein, was man sein kann, und darum, sich anderen überlegen zu fühlen und entsprechend zu handeln, um Gefühle der Unterlegenheit zu kompensieren.

Menschen, die ein hohes Maß an Selbstvertrauen besitzen, handeln nicht so. Menschen, die ein hohes Maß an Selbstvertrauen besitzen, flößen anderen Menschen ebenfalls Selbstvertrauen ein. Ein Kind, dem Liebe geschenkt wurde, will sie an Freunde und Schulkameraden weitergeben. Sobald ein hochsensibles Kind wertgeschätzt wird, kann es aufblühen. Ein Kind, das geliebt und an das geglaubt wird, besitzt die Stärke, das zu tun, was richtig ist. Dieses Kind fördert sich und andere. Ein Kind, das starke Elternliebe erfahren hat, geht Risiken ein und wagt es, über Begrenzungen hinauszugehen, um durch seine Gaben eine positive Veränderung für alle zu bewirken. Es bringt sich rückhaltlos in das ein, was es tut, und ist uneingeschränkt und authentisch es selbst.

5
Resilienz bei hochsensiblen Menschen

Hochsensible Menschen, die ein hohes Maß an Resilienz besitzen, sind hier, um Aufgaben in der äußeren Welt zu vollbringen, während sie gleichzeitig ihre künstlerische oder spirituelle Verbindung bewahren. Sie haben sich als Kind möglicherweise sportlich betätigt und dies bis in ihr Erwachsenenleben beibehalten. Sie können in jedem Bereich arbeiten, vom Militär bis hin zu Kriminalprävention, Medizin, Politik, Wissenschaft oder beliebigen Lehrtätigkeiten oder therapeutischen Berufen. Sie können ein geistliches Amt bekleiden oder im sozialen Bereich arbeiten. Trotz ihrer Hochsensibilität verfügen sie über ein ausreichend hohes Maß an Resilienz, um mit den Stößen und Schlägen umzugehen, die sie von außen treffen. Sie können mit den „Pfeil' und Schleudern des wütenden Geschicks“ umgehen, weil sie sich für die Aufgabe engagieren, die zu verwirklichen sie versprochen haben. Sie scheinen allgemein ein höheres Maß an Integrität im Umgang mit der Außenwelt und ebenso ein weit höheres Maß an Einfühlungsvermögen gegenüber ihren Mitmenschen zu besitzen.

Hochsensible Menschen können Schauspieler, Sänger und Tänzer sein oder auf andere Weise in der Öffentlichkeit stehen. Sie können ein aktives Leben führen, sich aber auch Philosophie und Spiritualität hingeben. Manchmal suchen sie nach einem besseren Weg, manchmal erlangen sie Weisheit, indem sie sich auf ihre eigene Visionssuche im Leben begeben. Manchmal sind sie Schriftsteller, deren Suche nach den richtigen Geschichten, die das Leben widerspiegeln und es so meisterhaft beschreiben, eine Quelle der Inspiration ist. Sie schaffen Raum für Vision, indem sie sich heldenhaft und rückhaltlos einbringen. Hochsensible Menschen, die ein hohes Maß an Resilienz besitzen, können tatsächlich an den überraschendsten Orten auftauchen, weil sie es ablehnen, *in eine Schublade gesteckt* oder überhaupt als hochsensibel bezeichnet zu werden.

6
Jede Generation

Jede neue Generation verfügt über ein höheres Maß an Sensibilität als die vorherige Generation. Sie wird mit einem höheren Maß an Intelligenz, Hoffnung und Begeisterung geboren. Hinzu kommen die Menschen aus der vorherigen Generation, die nicht abgestumpft, depressiv oder verzweifelt sind, die unbezähmbar, standhaft und beharrlich genug sind, um den Stab an die Menschen weiterzugeben, die nach ihnen kommen.

Die auch als Generation Y bezeichneten Millennials, die zwischen 1980 und 2020 geboren sind, kommen in der festen Hoffnung und im vollen Vertrauen darauf in die Welt, dass sie alles verändern und damit Hoffnung für die Zukunft bringen können. Sie wollen nicht an die Vergangenheit gebunden sein. Sie wollen auf ihre Weise lernen. Sie wollen nicht im Leben ihrer Eltern gefangen sein. Sie wollen einen besseren Weg. Sie sind technisch versiert und für den Umgang mit den sozialen Medien gerüstet. Sie verbinden sich mit ihren Freunden und Bekannten und offenbaren ihre Vorlieben und die Begebenheiten ihres Alltags. Viele sind unternehmerisch ausgerichtet und stehen damit für die Menschen, die trotz ihrer Hochsensibilität nach außen gewandt sind und sich hinreichend abgehärtet haben, um ihre Ziele in der Welt zu verwirklichen. Die, die gekommen sind, um in der Geschäftswelt aktiv zu sein, werden wie durch Schwerkraft von ihr angezogen und fügen sich ganz natürlich in sie ein. Der Reiz besteht zu einem großen Teil darin, dass die Geschäftswelt der Dreh- und Angelpunkt für Veränderungen in diesem Jahrhundert ist. Wenn die Welt in diesem Jahrhundert einen großen Sprung vorantun soll, so wird es durch den Beitrag geschehen, den die Geschäftswelt leistet, um die Welt zu einen.

Wenn die Geschäftswelt weiterhin konservativ, reaktionär und aus Habgier heraus handelt, wird es ihr nicht gelingen, ihren Auftrag in diesem Jahrhundert zu erfüllen. Sie muss sich über den Kapitalismus hinaus zu einer neuen Wirtschaftsform entwickeln, die auf gemeinschaftsbezogenen und gemeinschaftsbasierten Prinzipien und Praktiken gründet. Sie wird nicht mehr auf dem Grundsatz fußen, dass jeder für sich handelt, sondern teamorientiert und von inspirierter Führungsstärke angetrieben sein. Die Geschäftswelt wird ihr Herz und ihre weibliche Seite zurückgewinnen. Sie wird insofern grün und im ursprünglichen Sinne der griechischen Wortherkunft ökologisch sein, als dass sie sich um den gesamten Haushalt und nicht nur um die wenigen kümmern wird, die über außergewöhnliche Qualitäten verfügen oder privilegiert sind.

Sie wird nicht kommunistisch geprägt sein, denn zum gegenwärtigen Zeitpunkt sollte allen klar sein, dass das Bewusstsein in den letzten fünfzig Jahren nicht annähernd hoch genug entwickelt war, um diese Gesellschaftsform zu unterstützen. Humanitäre oder ethische Grundsätze werden leicht geopfert, wenn Idealismus als Abwehrmechanismus eingesetzt wird. Korruption, Ungerechtigkeit, gesellschaftliche Unterdrückung und Gewalt haben jede Hoffnung zerstört, dass der Kommunismus jemals erfolgreich sein kann. Totalitarismus ist Unterdrückung. Gebraucht wird ein Weg, der für alle Menschen in Einbeziehung und Ebenbürtigkeit gangbar ist.

Das Bewusstsein hat sich weiterentwickelt, obwohl konservative Politiker wie die amerikanischen Präsidenten Bush, Vize-Präsident Cheney und Präsident Trump zur guten alten Zeit der Selbstgefälligkeit zurückkehren wollten, in der die „Raubritter“ der 1890er Jahre das Land als ihr Lehen zerstückeln konnten und die vielen einfachen Leute die wenigen Auserwählten unterstützten. Die psychologische, moralische und geistige Entwicklung zeigt eine natürliche Vorwärtsbewegung fort von dem Verlangen, es zu etwas zu bringen und ungeachtet eigener Verletzungen aufs Ganze zu gehen, hin zu Stadien der Konformität, der Selbstzufriedenheit und des Idealismus, die Schuld verbergen. Diese Stadien treiben uns in bestimmte akzeptierte Glaubenssysteme hinein. Von dort gehen wir zur unwahren und zur wahren Unabhängigkeit voran, die sowohl von Dissoziation als auch von Ideenreichtum zeugen. Von hier steigen wir auf zu Integration, Verpflichtung, Partnerschaft, dem Gleichgewicht zwischen männlich und weiblich, Ebenbürtigkeit und Gegenseitigkeit sowie den Prinzipien des Gemeinwesens und des Gemeinwohls, während wir uns zur wechselseitigen Abhängigkeit bekennen.

Buckminster Fuller hat wissenschaftlich bewiesen, dass die Fülle, in der wir leben, sich exponentiell vermehren würde, wenn wir alle zusammenarbeiten, einander helfen und miteinander teilen würden. Er hat bewiesen, dass wir es nicht mit einem Mangelproblem, sondern vielmehr mit einem nationalistischen, politischen und auf Gier beruhenden Problem zu tun haben. Wenn wir miteinander teilen, mehren wir die Fülle. Anderen Menschen zu helfen, hilft nicht nur uns selbst, sondern macht sie und uns glücklich.

Es hat mich sehr bedrückt, als ich während meines ersten Kurses in Soziologie an der Universität herausfand, dass gesellschaftliche Veränderungen in der Hauptsache durch den Tod bewirkt werden. Die ältere Generation stirbt und die nächste Generation folgt ihr mit neuen Ideen und neuen Handlungsweisen. Es gibt jedoch eine Alternative. Sie hat zu tun mit Heilung, Transformation und dem Aufstieg des Bewusstseins durch Lernerfahrungen.

Bildung ist der Generation Y wichtig. Sie will lernen und sie will ihre eigenen Lernmethoden finden. Sie denkt zukunftsorientiert und fortschrittlich, aber wir wollen uns nicht auf sie verlassen. Wir wollen uns auf uns selbst und den HIMMEL verlassen, um einen besseren Weg für sie zu finden, damit sie die größtmögliche Wirkung erzielen kann. Das tun wir, indem wir die größtmögliche Wirkung erzielen, zu der wir fähig sind. Das können wir tun, indem wir uns durch Lernerfahrungen, Heilung und Einbeziehung verändern und entwickeln. Wir können es tun, indem wir unser eigenes Bewusstsein erhöhen. Der erste Schritt besteht darin, dass wir es wertschätzen und uns Ziele setzen, damit wir in die richtige Richtung gehen und zu dem Ziel hingezogen werden, für das wir uns entschieden haben. Jeder Schritt, den wir gehen, hilft also nicht nur den hochsensiblen Menschen, sondern allen. Wenn wir uns verpflichten, uns Tag für Tag weiterzuentwickeln, wird es leicht. Die Hindernisse lösen sich auf – ausgenommen die, die für unseren Lernprozess unerlässlich sind. Wir können uns dafür entscheiden, unerschrocken zu sein und uns von nichts aufhalten zu lassen, damit wir das verwirklichen können, was notwendig ist, um Glück zu finden, es mit anderen Menschen zu teilen und so die Welt zu einem besseren Ort zu machen.

Zum jetzigen Zeitpunkt können wir die Welt zu einem

besseren Ort machen, indem wir sie in ihrer Evolution unterstützen – fort von der dissoziierten Unabhängigkeit einer Welt, die infolge von Gier ihr Herz verloren hat, hin zu einer Welt der Partnerschaft, in der Freunde Freunden helfen.

7
Gaben und Begabungen

Hochsensible Menschen zeichnen sich durch ihre Gaben und Begabungen aus. Manche dieser Gaben haben sie ganz natürlich von ihren Ahnen übernommen, während sie andere auf einer Seelenebene in dieses Leben mitgebracht haben. Wie jeder Mensch müssen auch sie sich mit dem Wunsch nach Anerkennung und danach auseinandersetzen, wie alle anderen zu sein. Zugleich spüren sie den starken Drang, ihre Gaben und Begabungen zu entwickeln. Das ist einer der Gründe, warum wir in diese Welt geboren werden – um unsere Grenzen zu überschreiten, unsere Gaben zu erweitern und unsere Fähigkeiten zu entwickeln. Wie alle anderen müssen auch hochsensible Menschen mit dem Neid umgehen, der sie umgibt. Sie müssen mit der falschen Vorstellung ringen, dass die Antwort auf dieses Problem darin besteht, ihre Gaben zu verstecken.

Die Antwort besteht jedoch darin, die Gaben anzunehmen und anderen Menschen zu erlauben, sie ebenfalls zu besitzen – denn das ist Führungsstärke. Sie zeigt, dass die Gabe selbst, nicht aber der Besitz der Gabe besonders ist. Führungsstärke erkennt die Gaben anderer Menschen, freut sich daran und fördert sie. Führungspersönlichkeiten erkennen, dass ihre Position als Führungspersönlichkeit umso mehr gestärkt wird und das Gemeinwesen umso mehr wächst, je mehr sie von Menschen mit Gaben und Begabungen umgeben sind. Gaben erleichtern sowohl dein Leben als auch das Leben der Menschen in deiner Umgebung.

Manche der Gaben, die hochsensible Menschen zum gegenwärtigen Zeitpunkt mitbringen, sind selten und außergewöhnlich und haben auf dieser Ebene eine erlösende und einende Wirkung. Sie bringen die Menschen auf einer ganz neuen Ebene zusammen. Was eint, bringt Zuwachs und Fülle. Was eint, heilt und bringt den Geist zur Einheit. Dieselbe Wirkung entfaltet es nach außen in der Welt – Menschen werden durch Sport, Wissenschaft, Kunst oder Politik zusammengebracht.

Hochsensible Menschen können nicht nur außergewöhnliche Schönheit und einen geschärften Seh-, Hör-, Tast- und Geruchssinn, sondern auch eine größere natürliche Begabung im Bereich übersinnlicher Fähigkeiten besitzen. Sie gehen meist natürlicher und weniger verklemmt mit ihrem Körper und mit ihrer Sexualität um. Häufig sind es goldene Kinder, die das Licht ihrer Gaben und Begabungen einfach leuchten lassen. Wenn sie nicht durch ihre Eltern und das Bekenntnis zu ihrer Lebensaufgabe geschützt werden, kann es passieren, dass sie wegen ihrer Unschuld, ihrer Schönheit oder ihrer Begabungen von der Welt ausgebeutet werden. Hochsensible Menschen sind hier, um das Bewusstsein durch das zu erhöhen, was sie geben und was sie sind. Durch ihre Schönheit und ihre Begabungen können sie das Herz der Welt öffnen. Durch ihre sexuelle Energie, ihren Humor und ihre Heilung können sie Illusionen zerstreuen und neuen Fluss erzeugen. Aufgrund ihres Wesens lieben sie die Wahrheit in einer Weise, die sie selbst und andere befreit.

Auch wenn ihre Familien stolz auf sie sein und sie als Beispiel dafür hinstellen mögen, wie wunderbar die Familie ist, weil es ein positives Licht auf sie wirft, müssen hochsensible

Menschen dennoch mit der Konkurrenz, den Rollen und der Verdrängung umgehen, die es in jeder Familie gibt. Dazu zählt auch die ödipale Verschwörung, die zu den größten Fallen des Egos gehört, um uns kleinzuhalten und zu verhindern, dass wir unsere wahre Größe erkennen.

8
Fallen und Versuchungen

Da hochsensible Menschen so tief empfinden, müssen sie unbedingt lernen, ihre Emotionen zu beherrschen, weil sie anderenfalls von ihren Emotionen beherrscht werden. Verletzungen, die sie aus ihren Erfahrungen davontragen, können sie um ein ganzes Leben zurückwerfen. Tatsächlich müssen wir dies in unserer Kindheit und insbesondere in unseren ersten Beziehungen alle lernen, denn sonst kann die Intensität unserer Emotionen uns dazu bringen, Türen vor unserem Leben und vor unseren Gaben zu verschließen. Dann kann es sehr rasch geschehen, dass wir uns zurückziehen und infolgedessen Anteile unserer selbst auf eine Weise verlieren, die uns zu einem Schatten unseres früheren Selbst werden lässt und dazu führt, dass uns die Chance, die dieses Leben bietet, völlig entgeht.

Vor dieser Herausforderung stehen wir natürlich alle, aber für hochsensible Menschen ist sie besonders groß, da sie ein wesentlich höheres Maß an Verlust, Verletzung und Schuld erfahren können. Es ist für hochsensible Menschen unerlässlich, die Lektionen emotionaler Reife zu lernen. Wie ein Blick auf die gelernten Lektionen des Unterbewusstseins offenbart, sind alle Emotionen ein Zeichen dafür, dass wir vom Weg abgekommen sind und einen Fehler gemacht haben. *Emotionen sind ein Hinweis darauf, wo wir – und nicht andere Menschen – einen Fehler machen.* Wir sind nicht nur verantwortlich für das, was wir fühlen, sondern auch für das, was uns widerfährt, auch wenn die meisten Menschen annehmen, dass das Gegenteil der Fall ist. Andere Menschen verletzen uns weder, noch erzürnen sie uns oder sorgen dafür, dass wir uns schuldig fühlen. Unsere Emotionen kommen von *uns*. Wenn wir nicht für unsere Erfahrungen verantwortlich sind, übernehmen wir wahrscheinlich nicht die Verantwortung für unser Leben. Wenn wir nicht die Verantwortung für unser Leben übernehmen, hegen wir einen Groll, und es gibt kein Problem, an dessen Wurzel nicht Groll liegt. Jeder muss diese Missverständnisse und Fallen überwinden und sie in gelernte Lektionen verwandeln. Das Maß, in dem wir noch Schmerz in uns tragen, entspricht dem Maß, in dem wir uns in unserem Leben nicht zeigen.

Ebenso wichtig ist es, einen Weg der Heilung einzuschlagen. Sie rückt das Leben und das, was geschieht, in ein bestimmtes Licht. Das Leben soll sich um Glück und Freude drehen. Wo das nicht der Fall ist, sind wir aufgerufen, bestimmte Lektionen zu lernen und Frieden und Ganzheit wiederherzustellen. So können wir einmal mehr feiern und sorgenfrei sein. Der Weg der Heilung lehrt uns, dass es im Leben nur um Liebe, unsere Lebensaufgabe und darum geht, anderen Menschen zu helfen.

Familiendynamiken befreien uns, wenn wir unserer Familie helfen, ohne uns in dissoziierter Unabhängigkeit von ihr abzuschneiden oder zum Märtyrer zu werden, indem wir uns aufopfern. Beides kann unserer Fähigkeit im Weg stehen, uns partnerschaftlich zu verbinden. Beides zeigt das Maß, in dem wir unsere Opfermuster nicht überwunden haben. Diese Muster können uns lähmen und daran hindern, das Leben zu leben, das wir leben wollten. Sie können uns daran hindern, unsere Lebensaufgabe zu vollenden.

Ein weiterer Aspekt, der für alle, besonders aber für hochsensible Menschen entscheidend wichtig ist, besteht darin, uns nicht in das Verlangen unseres Egos nach Besonderheit verstricken zu lassen. Es ist natürlich, dass wir uns darüber freuen, bestimmte Gaben zu besitzen. Es ist nicht natürlich zu glauben, dass wir über allen anderen Menschen stehen, und es ist auch nicht natürlich, dem Ego mithilfe unserer Gaben und Fertigkeiten ein Denkmal zu setzen. Das Ego will, dass sich im Leben alles nur um es selbst dreht. Es macht uns glauben, dass wir unser Ego sind. Es will, dass sich alles um das dreht, was wir tun, fühlen oder erfahren. Es will uns in den Mittelpunkt der Aufmerksamkeit stellen. Das Ego kann uns zum Gefangenen machen, wenn es nicht ständig kontrolliert oder – besser noch – dauerhaft dem Einfluss des HIMMELS ausgesetzt wird.

Besonderheit trachtet danach, andere Menschen und uns selbst zu versklaven, während unser höheres Bewusstsein weiß, dass es weder Gefängnisaufseher noch Gefängnisinsasse sein möchte. Das Ego benutzt alles, was zur Hand ist, um seine Ziele zu erreichen. Es benutzt Krankheiten, Fertigkeiten oder Opfersituationen, um Aufmerksamkeit zu erlangen. Heilung transformiert die Bedürfnisse, die Forderungen stellen. Besonderheit nimmt, und sie nimmt von allen Menschen. Sie schmälert unsere Ziele, und sie raubt dem Leben die Farbe und unseren Beziehungen die Freude. Besonderheit verwandelt das Leben in ein Denkmal für sich selbst. Sie ist vorgetäuschte Führungsstärke, die nicht nur ihren eigenen, sondern auch den Platz aller anderen Menschen im Rampenlicht einnehmen will. Besonderheit ist unvereinbar mit Gleichgewicht, Ebenbürtigkeit und Gegenseitigkeit, die zentrale Merkmale von Liebe, Nähe und wechselseitiger Abhängigkeit sind. Besonderheit ist vorgetäuschte Liebe und die beste Waffe, die das Ego besitzt, um dafür zu sorgen, dass Beziehungen glücklos bleiben. Anerkennung trägt zum Wachstum aller bei, aber das Ego fordert sie ein und sein Appetit ist unersättlich. Besonderheit konsumiert. Sie will die Welt verschlingen. Wenn sie keine positive Aufmerksamkeit erlangen kann, versucht sie, sie durch negative Ereignisse zu bekommen.

Drogen und Alkohol können für hochsensible Menschen ebenfalls ein Problem sein. Aufgrund ihrer ausgeprägten Sinnlichkeit kann ihr Verlangen nach Drogen übermäßig groß werden. Das gilt besonders, wenn alte Wunden nicht geheilt wurden oder sie ihre Lebensaufgabe nicht erfüllen, die ihnen die Bedeutung gibt, die sie brauchen.

Hochsensible Menschen benutzen Drogen und Alkohol auch zur Selbstbehandlung von Schmerzen oder Problemen, unter denen sie leiden. Sie haben nicht nur eine stärkere Empfindungsfähigkeit, wenn es um sinnliche Freuden geht, sondern nehmen auch Schmerz stärker wahr. Die Fähigkeit zum ästhetischen Genuss ist bei hochsensiblen Menschen ebenfalls wesentlich stärker ausgeprägt, desgleichen aber auch die Dissonanz, wenn etwas ästhetisch deplatziert ist. Auch Sex kann hochsensiblen Menschen einerseits große Freude bereiten, andererseits aber auch sexuelle Abhängigkeit erzeugen oder sie dazu bringen, ihn als Götzen in einen falschen Gott zu verwandeln.

Hochsensible Menschen können aus allem ein Drama und viel Aufhebens machen und große Emotionen zur Schau tragen. Häufig sind sie auch Weltmeister darin, sich zu beklagen. Die sogenannten Fehler und Unzulänglichkeiten der Welt berühren hochsensible Menschen stärker als andere, weil sie empfindsamer sind. Wenn sie in die Falle tappen zu glauben, dass andere Menschen nur dazu da sind, ihnen zu dienen, sich um sie zu kümmern oder ihre Bedürfnisse zu erfüllen, können sie mitunter zu einem fürchterlichen und anstrengenden Tyrannen werden. Je mehr ein hochsensibler Mensch sich beklagt, umso größer ist sein Geiz. Dies ist eine Falle, in die alle, insbesondere aber hochsensible Menschen sehr leicht hineintappen können. Wenn ihr Leben von Nehmen geprägt ist, sind Herzensbrüche vorprogrammiert. Sobald sie begreifen, dass, wenn sie sich beklagen, *sie* derjenige sind, der nicht gibt, können sie jedoch einen großen Schritt hin zu mehr emotionaler Reife gehen. Das Leben eines hochsensiblen Menschen sollte von Geben und Empfangen geprägt sein. Alles andere zeigt, dass er vom Weg abgekommen ist.

Klagen und Probleme sind die an einen anderen Menschen gerichtete Aufforderung, sich um deine Bedürfnisse zu kümmern. Sie sind ein Angriff auf dein Selbstvertrauen. Sie zeigen, dass du dir selbst nicht das gibst, worüber du dich beklagst. Sie zeigen außerdem, was du einem anderen Menschen nicht gibst. Wenn du dir selbst oder einem anderen Menschen geben würdest, würdest du durch den Akt des Gebens deine eigenen Bedürfnisse erfüllen. Hochsensible Menschen tragen große Gaben in sich und damit auch große Verantwortung dafür, dass sie diese Gaben besitzen. Wem viel gegeben wird, von dem wird auch viel verlangt.

Hochsensible Menschen sind hier, um einen wichtigen Beitrag für die Welt zu leisten, und wenn sie nicht geben, betrügen sie sich selbst. Ihre Erfüllung kommt daher, dass sie ihre Gaben teilen und Nähe zu gleichgesinnten Menschen finden. Das schließt ihre Familie und die Menschen in ihrer Umgebung ein. Ihre Beziehungen können von Zärtlichkeit und Nähe erfüllt, aber auch von Zank und unbarmherzigen Attacken geprägt sein, wenn zwei hochsensible Menschen um ihren Weg kämpfen. Es ist für hochsensible

Menschen enorm wichtig, ihre Beziehungen in die Hände des HIMMELS zu legen, statt das Ego darüber bestimmen zu lassen. Manchmal werden hochsensible Menschen zur Geisel ihres Egos und dessen, was es unter Liebe versteht. Dies ist mit einem hohen Maß an Dramatik und Schmerz verbunden und kann passieren, wenn sie nicht nach einer Beziehung streben, die ganz und gar der Liebe und dem geistigen Fortschritt gewidmet ist.

Die Beziehung hochsensibler Menschen kann im HIMMEL oder in der Hölle geschlossen sein. *Es ist für einen hochsensiblen Menschen unerlässlich, die grundlegenden Beziehungslektionen zu lernen*, damit er nicht seinem Ego und dessen melodramatischem Verlangen nach einer Seifenoper zum Opfer fällt.

Wenn hochsensible Menschen ehrlich sind, erkennen sie, dass aller Schmerz und alle Fallen, in die sie getappt sind, tatsächlich *ihre* Ausreden waren, die *sie* benutzt haben, um sich nicht zu zeigen und den nächsten Schritt nicht zu gehen. Sie haben sich vor ihrer Größe und ihrer wahren Identität als grenzenloser, reiner Geist gefürchtet. Möglicherweise geben sie GOTT die Schuld an allem. Möglicherweise fürchten sie sich vor IHM als dem großen Feind. Das macht sie depressiv. Sie kämpfen gegen GOTT, weil sie das Sagen haben und ihren eigenen Weg gehen wollen, denn das ist der einzige Grund, aus dem wir überhaupt gegen GOTT kämpfen. Dem Wesen nach sind unser Wille und der WILLE GOTTES jedoch gleich, denn so hat ER uns geschaffen. Unser Ego will jedoch, dass unser Wille sich auch gegen die Wahrheit oder den besten Weg durchsetzt. Unsere Angst vor GOTT ist in Wirklichkeit die Angst vor uns selbst, unserer wahren Identität und unserem eigenen Willen. Dies ist der Kern jedes Autoritätskonflikts. Es ist die Angst vor unserer eigenen Autorität, Freiheit und Macht. Infolgedessen kämpfen wir gegen andere, die uns vermeintlich aufhalten wollen. Wir projizieren, dass sie uns zurückhalten, statt vorzutreten und unsere Macht – und die mit ihr verbundene Reife – zu ergreifen und nicht andere zu benutzen, um uns aufzuhalten.

GOTT ist LIEBE und WAHRHEIT. Alle anderen Eigenschaften, die GOTT zugeschrieben werden, sind die Projektion des Egos. Das Ego will GOTT sein und ohne Bewusstheit ist es leicht, unsere Zustimmung zu geben und in diese Falle zu tappen. Wenn wir uns vor uns selbst und unserer Bestimmung fürchten, kann es rasch passieren, dass wir eine unwahre Geschichte projizieren und uns sowohl von der Liebe als auch von der LIEBE distanzieren, die GOTT ist. Dann glauben wir, uns nur dadurch retten zu können, dass wir unseren eigenen Weg gehen. Das führt dazu, dass wir uns alleingelassen fühlen, was aber nur dann möglich ist, wenn *wir* uns emotional zurückziehen.

GOTT ist DER, DER allen alles gibt. Ein Blick in *Ein Kurs in Wundern* und in unser Unterbewusstsein offenbart, dass niemand außer uns selbst uns etwas entzieht. Das macht die Überzeugung der Menschen, die glauben, GOTT und die Liebe würden Aufopferung verlangen, hinfällig und zeigt eindeutig, dass sie falsch ist. Diese Menschen glauben, GOTT wolle, dass sie zum Märtyrer werden. Aufopferung und Märtyrertum sind jedoch ebenso große Fallen wie Isolation und Unabhängigkeit. GOTT braucht deine Aufopferung weder, noch will ER sie. Aufopferung ist von Konkurrenzdenken geprägt und handelt emotional überlegen, um ihre Herablassung zu verbergen. Isolation und Aufopferung verbergen Angst, die das Gegenteil von LIEBE ist. Nicht GOTT, sondern das Ego will Isolation und Märtyrertum.

Eine andere große Falle, mit der hochsensible Menschen sich befassen müssen, ist die Leichtigkeit, mit der sie zum Narzissten werden können. Narzissmus ist keine Selbstliebe, die alle erdenklichen Fallen heilen kann. Narzissmus schließt aus. Er ist so sehr in Selbstverherrlichung und Größenwahn gefangen, dass einem hochsensiblen Menschen der Sinn des Lebens und die Schönheit, die ihn umgibt, vollkommen entgehen können. Narzissten sind selbstbezogen und mit sich beschäftigt und betrachten andere Menschen als Beiwerk zu ihrer Lebensgeschichte.

Im sportlichen Bereich können hochsensible Menschen große Stärke und erstaunliches Talent an den Tag legen. Sie können ihre gesamte Geisteskraft in ihren Sport einfließen lassen und erkennen deshalb möglicherweise nicht, dass sie noch andere Aspekte besitzen, weil sie vollkommen auf die körperliche Ebene fokussiert sind. Das kann allen hochsensiblen Menschen passieren. Sie halten an einem Aspekt ihrer Selbstentfaltung fest und das führt letztendlich dazu, dass sie den Bogen überspannen, verletzt werden oder andere Menschen benutzen. Das große sportliche Können hochsensibler Menschen rührt ebenso wie ihre Meisterschaft in anderen Bereichen daher, dass ihr Geist in hohem Maße zur Konzentration fähig ist. Ihre Gabe, sich rückhaltlos einzubringen, lässt sie in einen veränderten Bewusstseinszustand gelangen, in dem alles fließt und sie herausragende Leistungen vollbringen können.

Wenn hochsensible Menschen die Familienlektionen, die zu lernen sie sich vorgenommen hatten, nicht lernen, kann es passieren, dass sie sich ihr ganzes Leben lang verstecken. Sie können aus Rebellion mit ihrer Familie oder mit dem Gesetz in Schwierigkeiten geraten. Ebenso kann es passieren, dass sie krank werden und sich einem Krankenhausaufenthalt unterziehen müssen, weil sie Angst davor haben, sich zu zeigen und ihr Licht leuchten zu lassen.

Wenn hochsensible Menschen ihre Intelligenz und ihre Fähigkeiten auf Schauspiel oder Komödie ausrichten, können sie auf diesen Gebieten zum Star werden. Tatsächlich können hochsensible Menschen sich in allen Bereichen hervortun, in die sie sich einbringen und für die sie die entsprechenden Fähigkeiten entwickeln. Sie haben die freie Wahl, brauchen aber die beständige Ausrichtung, die ihnen den Erfolg bringt.

9
Wichtige Lektionen: Prinzipien emotionaler Reife

Hochsensible Menschen haben ein tieferes Empfindungsvermögen. Das zeigt sich auch darin, dass ihre reaktiven Emotionen auf Schmerz stärker ausgeprägt sein können. Es bedeutet, dass ihre Herzensbrüche tiefer sein oder länger andauern können als bei anderen Menschen. Ebenso können sie stärker unter Verlusten leiden, was Depressionen oder zerschlagene Träume zur Folge hat. Sie können in dem schädlichen Glauben gefangen sein, dass andere Menschen sie verletzen wollen. Ihre Selbstanklagen können den Eindruck dunkelster Schuld erwecken, die es verdient, im tiefsten Schlund der Hölle zu schmoren. Zwar sind die Emotionen hochsensibler Menschen intensiver, treten aber auch offener zutage und werden für gewöhnlich weniger tief verborgen oder vergraben. Wie alle anderen müssen sich aber auch hochsensible Menschen mit der Dissoziation und den Kompensationen des Egos befassen, die zu Leblosigkeit führen und es wesentlich schwieriger machen, Emotionen aufzuspüren. Wenn hochsensible Menschen nichts über emotionale Reife und über die Emotionen zugrunde liegenden Prinzipien und ihre Heilung lernen, kann es passieren, dass ihr Leben von wesentlich größeren Schwierigkeiten geprägt ist oder dass sie sich möglicherweise gar nicht von ihren Verletzungen erholen.

Prinzipien der Heilung, die damit beginnen, dass hochsensible Menschen die Verantwortung nicht nur für alles übernehmen, was in ihrem Leben geschieht, sondern auch für die Emotionen, die daraus entstehen, sind ein guter Anfang. Anderenfalls sind sie in selbstsabotierenden Mustern gefangen und dann kann es passieren, dass ihre Hochsensibilität eher eine Belastung als eine Gabe ist.

Für alle, insbesondere aber für hochsensible Menschen ist es enorm wichtig, etwas über diese Prinzipien der Ermächtigung zu lernen, die aus dem Unterbewusstsein und dem Unbewussten herausgesiebt wurden.

1. Ich bin verantwortlich für alles, was ich sehe und fühle, weil ich erkenne, dass alles, was geschehen ist, meinen Entscheidungen und der verschütteten Negativität meines eigenen Geistes entsprungen ist.
2. Ein hochsensibler Mensch nimmt für gewöhnlich alles, was geschieht, als *gegen* ihn gerichtet wahr. Ein großer Schritt in emotionaler Reife besteht in der Erkenntnis, dass das, was geschehen ist, nicht gegen ihn persönlich gerichtet war. Es war ein Hilferuf. Das Ereignis war in dem Sinne persönlich, als dass er versprochen hatte, den an der Situation beteiligten Menschen zu helfen. Hochsensible Menschen besitzen sowohl die inneren Gaben als auch die Fähigkeit, Gnade zu erbitten und den HIMMEL durch Wunder glänzen zu lassen. Das Handeln der Menschen in ihrer Umgebung bezog sich in Wirklichkeit auf deren eigene Probleme, mit denen sie sich auf einer unterbewussten Ebene auseinandersetzten. Auf der unbewussten Ebene handelte es sich sowohl um eine Entscheidung als auch um ein Spiegelbild ihres eigenen Geistes.

3. Die Erkenntnis, dass jedes nicht liebevolle oder hilfreiche Verhalten dir gegenüber eine Bitte um Liebe oder ein Hilferuf war, hilft dir, deine Opferrolle loszulassen. Sie hilft dir, deine Lebensaufgabe und deine Bestimmung in der Welt anzunehmen, und sie erspart dir ein hohes Maß an Schmerz, indem sie dir hilft, zu verstehen und zu vergeben. Schmerz rührt nicht von Liebe her, sondern von Bedürfnissen. Ein Herzensbruch ist ein Machtkampf um Bedürfnisse, die in Götzen verwandelt wurden.
4. Wir haben alle größeren Zwischenfälle im Leben benutzt, um klein zu bleiben und eine Ausrede zu haben, uns nicht zu zeigen, weil wir uns vor unseren Gaben, unserer Macht und unserer Herrlichkeit gefürchtet haben. Wir fürchteten, unsere Lebensaufgabe nicht erfolgreich bewältigen zu können.
5. Rund fünfundachtzig Prozent aller Probleme und Opfersituationen sind selbstgewählt, um Unabhängigkeit zu erlangen. Fünfzehn Prozent sind wichtige Lektionen, die der Weiterentwicklung unserer Seele dienen.
6. Jede Opfersituation ist ein Ort des Angriffs, des Selbstangriffs und der Rache sowie ein Ort, an dem wir versuchen, eine Schuld zu sühnen.
7. Jede Opfersituation wird benutzt, um Trennung zu erzeugen und das Ego aufzubauen. Sie soll gegen eine Ungerechtigkeit protestieren, die uns ein anderer zugefügt hat. Das Unterbewusstsein zeigt jedoch, dass wir den „Täter" unterbewusst dessen bezichtigen, was *wir* getan haben. Die Beschuldigung anderer Menschen erlaubt uns, unser Ego zu stärken, aber dieses Ego ist auf Lügen sowie auf *unserer* Ungerechtigkeit, *unserem* Angriff und *unserem* Selbstangriff aufgebaut. Wir handeln inso-

fern ungerecht, als dass wir versprochen hatten, einem anderen Menschen zu helfen, und es nicht getan haben. Wir benutzen unseren Schmerz, um anzugreifen.

8. Es ist wichtig zu erkennen, dass wir jedes negative Ereignis in unserem Leben für einen bestimmten Zweck benutzt haben. Jedes negative Ereignis war nicht nur die Folge einer heimlichen Absprache, sondern auch Teil falscher Entscheidungen, die wir getroffen haben, um etwas zu bekommen, unseren eigenen Weg zu gehen und unser Ego aufzubauen.
9. Wenn wir alte Opfersituationen nicht heilen, ziehen wir uns entweder zurück und zeigen uns nicht oder wir machen andere Menschen in gleicher Weise zum Opfer, wie wir selbst zum Opfer gemacht wurden.
10. Für einen hochsensiblen Menschen ist es wichtig, sich ohne Herablassung als den Wegbereiter und Boten eines besseren Weges anzunehmen, der er ist und dem es bestimmt ist, Hilfsbringer für eine bedrängte Welt zu sein. Die Erkenntnis, dass du als hochsensibler Mensch aus einer künftigen Welt kommst, um die Gegenwart auf eine höhere Stufe zu heben, kann äußerst hilfreich sein. Wenn du ein Gespür für deine Lebensaufgabe und deine Lebensvision bekommst, fällt es dir wesentlich leichter, die Speerspitze zu sein, die einen besseren Weg bahnt. Wenn du auf den Ruf antwortest, macht dein Geben dich zu einem Freund der ganzen Erde. Wenn du deine Bestimmung und deine Meisterschaft annimmst, wirst du zu einer „Wasserstelle" in der Wüste. Wenn deine Entwicklung voranschreitet, wird dein äußeres Handeln weniger, während deine innere Effektivität größer wird, sodass du mit ihrer Hilfe äußere Dinge transformieren kannst. Du bist aufgefordert, deine Familien- und Be-

ziehungslektionen zu lernen, damit deine besonderen Liebesbeziehungen sich nicht in besondere Hassbeziehungen verwandeln. Wahrhaftige Beziehungen geben dir ein gutes Fundament, um Führerschaft, Vision, Meisterschaft und das Erwachen zu wagen. Das Erwachen liegt tatsächlich einen Schritt über die wechselseitige Abhängigkeit hinaus in der radikalen Abhängigkeit der spirituellen Ebene. Das erste Stadium der spirituellen Abhängigkeit birgt chronische Probleme, falsche Geisteshaltung, Götzen und die zerschlagenen Träume, die mit ihnen einhergehen, sowie den tiefen Autoritätskonflikt des Egos mit anderen Egos und die Rebellion gegen GOTT. Das Stadium der Einheit und seine negativen Dynamiken bilden den Kern unserer chronischen Probleme. Jenseits dieses Stadiums gibt es noch mehr, was wir wiederfinden und heilen müssen, aber jeder Akt der Einheit auf dieser Ebene eint den Geist und trägt eine weitere Gabe der Heilung in die Welt.

11. Die Erinnerung an GOTT kann Schmerz und Probleme auflösen. Ein hochsensibler Mensch kann allem, was er sieht und berührt, die LIEBE GOTTES bringen.

10
Steckenbleiben, Transformation und Klagen

Wenn wir im Leben stecken bleiben, dann kann das ausgesprochen schmerzhaft sein. Wir kennen die Antwort nicht. Wir wissen nicht, wie wir die Antwort finden sollen. Häufig kennen wir noch nicht einmal die richtige Frage. Wir leiden ganz einfach, und da wir hochsensibel sind, ist unser Leiden besonders akut. Der Schmerz und die Symptome sind eine typische List des Egos, um uns von den wirklichen Problemen abzulenken. Wenn wir durch die Augen des Unterbewusstseins auf die Welt schauen, erkennen wir jedoch, dass aller Angriff und alle Negativität, die wir jemals erfahren haben, in Wirklichkeit eine Form von Selbstangriff waren.

Tatsächlich besteht eines der größten Probleme hochsensibler Menschen in dem hohen Maß an Selbstangriff, das sie gegen sich selbst richten. Sie wissen, dass sie große Gaben in sich tragen, und hatten deshalb erwartet, dass sie sich viel weniger in Probleme verstricken und viel weiter fortgeschritten sein würden, als es tatsächlich der Fall ist. Natürlich ist auch das ein Thema, mit dem fast jeder konfrontiert ist, aber hochsensible Menschen leiden besonders intensiv, wenn sie sich ihm stellen müssen. Sie versinken in tieferes Elend und tiefere Trostlosigkeit. Sie können sich der Gesellschaft und den Menschen in ihrer Umgebung entfremden. Sie können tiefere Niedergeschlagenheit und tiefste Einsamkeit empfinden. Auch wenn es unmöglich ist, das Elend zu messen, das jemand fühlt, kann ich, nachdem ich seit mittlerweile siebenundvierzig Jahren mit dem Schmerz anderer Menschen arbeite, heute mit Sicherheit sagen, dass hochsensible Menschen aus geringfügigeren Anlässen intensiver leiden. Das Märchen von der Prinzessin auf der Erbse handelt dieses Thema zwar sehr ironisch ab, beschreibt aber trotzdem die Erfahrung, die hochsensible Menschen machen.

Wenn du dich eingeschränkt oder bedrängt fühlst und leidest, glaubst du, in der Hölle gelandet zu sein. Dann bleibt dir nichts anderes, als dich zu beklagen. Wenn du deine schöpferische Kraft nicht nutzt, um Heilung zu erlangen, dann benutzt du sie, um Schmerz zu erzeugen, der nach außen als Tragödie, Mangel, Krankheit, Opfersituation oder Verstrickung in eine Seifenoper in Erscheinung treten kann. Immer wenn wir eine grundlegende Falle überwinden, warten erlösende Seelengaben ebenso auf uns wie ein großer Schritt hin zur Erfüllung unserer Lebensaufgabe.

Hochsensible Menschen lassen ihr Licht leuchten und wenn sie in ihrer persönlichen Entwicklung voranschreiten, entwickeln sie möglicherweise sogar die Fähigkeit, die STIMME FÜR GOTT zu vernehmen, die alle Antworten ebenso in sich birgt wie die Gnade, die Antworten zu verwirklichen – Wunder eingeschlossen. Eine unserer tiefsten, ursprünglichsten Ängste ist die Angst vor uns selbst und unserer Größe. Wir fürchten uns vor unserer Mission, vor unserer Macht und vor der Wahrheit. Wir fürchten, das Ego zu verlieren, das wir mit Blut, Schweiß und Tränen aufgebaut haben. Wenn wir uns regen und anfangen, unsere Talente auf unsere Lebensaufgabe hin zu entfalten, sind unser Ego und das uralte Ego der dämonischen astralen Sphäre sofort zur Stelle, um uns daran zu hindern. Dabei handelt es sich in Wahrheit natürlich um Aspekte unseres eigenen Geistes.

Es ist wichtig, uns daran zu erinnern, dass unsere Probleme selbst eine Klage sind. Deshalb wollen wir nun unsere drei größten Probleme hinterfragen. Jedes Problem ist eine Klage, die an einen anderen Menschen gerichtet ist.

Problem
1. ______________________________
2. ______________________________
3. ______________________________

Worüber beklagst du dich?
1. ______________________________
2. ______________________________
3. ______________________________

Gegen wen ist die Klage gerichtet?
1. ______________________________
2. ______________________________
3. ______________________________

Notiere das Problem, worüber du dich beklagst und *an wen* deine Klage gerichtet ist. Das sind die Probleme, die zu heilen du versprochen hattest. Wenn du dieses Prinzip verinnerlichen kannst, hast du den Schlüssel zur Eigenverantwortung gefunden und die Macht, alle Probleme und allen Mangel zu transformieren. Ein gutes Beispiel dafür ist eine Begebenheit am Tag vor meiner Hochzeit. Ich ging nach nebenan, um meine Nachbarn zur Hochzeitsparty einzuladen. Unser Nachbar, ein erfolgreicher und wohlhabender Rechtsanwalt, öffnete die Tür. Seine Frau, eine schöne

Thailänderin, und sein reizender fünfjähriger Sohn standen hinter ihm.

Ich sagte: „Morgen findet bei uns nebenan eine große Party statt, weil ich heirate."

Er erwiderte: „So ein Pech für dich!"

Diese Antwort machte mich sprachlos, und als ich nach Hause zurückging, beklagte ich mich bei GOTT: „Wenn DU wolltest, dass ich heirate, warum hast DU mir dann nicht ein einziges gutes Beispiel für eine glückliche Ehe geliefert?" Dies war einer der Zeitpunkte in meinem Leben, in denen ich die STIMME hörte. Sie sprach laut und deutlich zu mir: „Weil du derjenige bist, der versprochen hat, dieses Beispiel zu geben."

Viele Jahre später wurde mir allmählich bewusst, dass ich das Prinzip, das mir mitgeteilt worden war, nutzen konnte, um Menschen aus Mangel, Problemen und anderen Fallen zu befreien. Wenn wir uns beklagen, haben *wir* versprochen, die Lösung zu bringen. Wenn wir dieses Versprechen gegeben haben, muss es einen Weg für uns geben, es zu erfüllen. Eine Möglichkeit sind unsere Gaben. Wir tragen stets eine neue Gabe oder einen höheren Aspekt einer bestehenden Gabe in uns, um die Situation zu transformieren, in der wir uns befinden. Auch der HIMMEL hält in jeder Situation GÖTTLICHE Gaben für uns bereit, um zu verhindern, dass wir stecken bleiben.

Eine weitere Möglichkeit, die Situation zu transformieren, ist SÜHNE. Dies ist der Weg der Heilung. Wir wissen, dass alles, was uns nicht glücklich macht, dazu da ist, geheilt zu werden, und dass das, was in uns hochkommt, einfach das nächste Thema ist, das es zu heilen gilt. Es ist auch die Erkenntnis, dass die ursprüngliche Trennung infolge unseres Falls aus dem Zustand des EINSSEINS in Wirklichkeit niemals geschehen ist. Wir haben nur geglaubt, dass es so ist. Es ist eine Illusion, das Verlangen danach, unseren eigenen Weg zu gehen. Wir können das EINSSEIN nicht teilen. Wenn wir zu dieser Erkenntnis gelangen, dann fällt das, was uns zurückhält, fort. Wir wissen, dass wir uns noch immer im EINSSEIN befinden, in dem wir geschaffen wurden. Das hat zur Folge, dass wir die Trennung beenden können, die das Problem nährt, sodass nur Heilung bleibt.

Ein spiritueller Weg der Heilung besteht darin, die vollkommene Verantwortung für das Problem zu übernehmen und es dann sofort dem HEILIGEN GEIST zu übergeben, damit ER es für uns heilt. Dies ist das Hauptwerkzeug der Transformation, das *Ein Kurs in Wundern* empfiehlt.

Ein weiterer Weg der Heilung besteht darin, dir den Schmerz als einen Ring aus emotionalem Feuer vorzustellen, der aus Schmerz und Angst besteht. Frage dich, wer deine Hilfe braucht, und gehe durch den Ring aus Schmerz und Angst hindurch, um ihm zu helfen. Wiederhole die Übung, bis das Problem sich vollständig aufgelöst hat und du frei bist.

Eine andere Methode der Heilung besteht in der Erkenntnis, dass das Problem uns auf Abwege schicken und aufhalten soll. Es spiegelt lediglich unsere Angst wider. Wir können einen unserer GÖTTLICHEN FREUNDE bitten, bei jedem Schritt mit uns zu gehen, damit das GÖTTLICHE unsere Angst als die Illusion befreit, die sie ist. Stelle dir vor, dass du mit deinem GÖTTLICHEN FREUND an der Seite vorwärtsgehst. Frage dich nach jedem Schritt, wie sich das Problem nun anfühlt und wie es sich für dich darstellt. Gehe Schritt für Schritt weiter, bis nur noch Freude bleibt.

Heilung können wir auch erlangen, indem wir alle unsere Urteile über andere Menschen, die Situation und uns selbst loslassen, damit wir den HIMMEL um die wundergesinnte Vergebung bitten können, die die Situation klärt.

Eine weitere Form der Heilung besteht darin, das Problem zu sehen und dir dann alles bewusst zu machen, wofür du sowohl in Bezug auf das Problem als auch ganz allgemein in deinem Leben dankbar sein kannst. Spüre die Dankbarkeit und nimm wahr, welche Wirkung sie auf das Problem hat. Dankbarkeit öffnet der Liebe die Tür und Liebe klärt Probleme.

Der HIMMEL hat uns immer bereits gewährt, was wir brauchen, einschließlich der Wunder zur Lösung aller Probleme, die wir jemals haben werden. Indem wir darum bitten, öffnen wir die Tür, die es uns erlaubt, sie zu empfangen. Das Wunder wird nur dann nicht gewährt, wenn die Antwort unsere Angst vergrößert, denn Ziel und Zweck der Heilung ist es, die Angst zu verringern, statt sie zu verstärken. Wenn die Antwort zum jetzigen Zeitpunkt unserem Glaubenssystem in so hohem Maße zuwiderlaufen würde, dass sie unsere Angst vergrößert, wird das Wunder erst dann gewährt, wenn unsere Angst sich aufgelöst hat.

GOTTES WILLE und dein wahrer Wille wollen, dass du frei bist – nur das Ego will etwas anderes. Und du brauchst dich nicht von etwas aufhalten zu lassen, das dem Wesen nach eine Illusion ist.

11
Die Schritte und Stadien der Einheit

Das Stadium der Einheit ist das erste Stadium auf der Zielgeraden des Entwicklungsweges, der uns zum HIMMEL zurückbringt. Hochsensible Menschen kommen für gewöhnlich mit dem Ziel auf die Welt, das Bewusstseinsstadium der Einheit – oder ein noch höheres Stadium – zu erreichen. Es ist nicht nur ein anspruchsvolles Ziel, auf eine so hohe Stufe zu gelangen, sondern auch eine große Herausforderung, sie aufrechtzuerhalten, nachdem wir sie einmal erreicht haben. Es braucht ein hohes Maß an Verpflichtung, um angesichts der Grobheit und Brutalität, der Vorurteile, Versuchungen und Dummheit der Welt diese Bewusstheit, Sensibilität und Fähigkeit zur Verwirklichung der eigenen Gaben zu bewahren. Wenn hochsensible Menschen erkennen, dass es nichts gibt, was wichtiger ist, als rückhaltlos alles zu geben, was sie geben wollten, können sie ihr Ziel erreichen. Wenn sie ihr Ziel im Blick behalten, können sie ihre Mission verwirklichen, die Welt auf eine höhere Stufe zu heben. Wenn sie vom Weg und von dem abkommen, was sie der Welt geben wollten, oder ihren Einflüsterungen erliegen, kann es leicht passieren, dass sie ihrem Ego zum Opfer fallen und versagen. Dann kann es passieren, dass sie alkohol- oder drogenabhängig werden. Sie können sich in der Dunkelheit der Welt verlieren. Wenn sie versuchen, dem

Hass, dem Schmerz und der Dunkelheit aus dem Weg zu gehen, statt sie als Rohmaterial zur Erhebung der Welt zu nutzen, kann ihr Widerstand die Dunkelheit verstärken und sie anfachen, bis sie zum Tsunami wird. Deshalb ist eine höhere spirituelle Sichtweise unumgänglich, damit wir die Illusionen der Dunkelheit erkennen und begreifen.

Was als kleiner Akt des Schwelgens oder des Widerstandes beginnt, kann rasch zu einem Hurrikan werden. Wir können Trost in Ablenkungen suchen, die uns noch weiter vom Weg abkommen lassen. Das kann geschehen, wenn wir nicht erkennen, dass unsere Bestimmung darin liegt, einen besseren Weg zu weisen – nicht nur mithilfe unserer Gaben, sondern auch durch die natürliche Schönheit und Attraktivität unseres *Seins*. Hochsensible Menschen besitzen mitunter den Charme und die Unwiderstehlichkeit einer Fee – selten, exotisch und von großer Reinheit. Sie können so bezaubernd sein wie Engel, wenn sie ganz natürlich in ihrem *Sein* zentriert sind. Wenn sie in Besonderheit gefangen sind, kann es passieren, dass andere Menschen sich um sie scharen, um in ihrem Glanz zu baden. Ebenso kann es passieren, dass sie echte Unterstützer um sich versammeln, die nicht nur den Reichtum dieses wunderbaren *Seins* weitergeben, sondern auch ihr eigenes Leben und ihre eigene Mission voranbringen wollen, weil sie sich selbst und ihrer Bestimmung treu sind.

In mancher Hinsicht gleichen hochsensible Menschen frisch geschlüpften Schildkröten, die den Weg zum Wasser suchen. Viele schaffen es nicht, weil sie von Krebsen oder Möwen gefangen werden, ehe sie das Wasser erreichen. Noch schlechter wäre es, wenn die kleinen Schildkröten die hellen Lichter einer Stadt oder einer Straße fälschlich für den Mond hielten, denn das könnte sich für die ganze

Gruppe der Schlüpflinge als verhängnisvoll erweisen. Es ist vor allem eine Frage der Seele, ob ein hochsensibler Mensch auf allen Ebenen überlebt, die notwendig sind, damit er seine Mission vollenden kann. Deshalb legt eine Schildkröte viele Eier gleichzeitig und erhöht damit die Wahrscheinlichkeit, dass zumindest einige durchkommen. Ebenso scheint es, dass in jeder Generation immer mehr hochsensible Menschen geboren werden, damit wir als Rasse mit unseren stetig wachsenden Herausforderungen überleben können. Es scheint, dass es im Laufe unserer Evolution als Rasse immer mehr hochsensiblen Menschen gelingt, erfolgreich zu überleben. In Anbetracht der globalen Situation und der Möglichkeit eines Bewusstseinssprungs kommen immer mehr hochsensible Menschen zur Welt, um in dieser entscheidenden Zeit eine Veränderung zu bewirken.

Wie wir alle müssen auch hochsensible Menschen die Familiendynamiken überwinden, die zu den größten Verschwörungen gehören, die es gibt. Eine weitere große Herausforderung sind jedoch die tief verschütteten Themen im Stadium der Einheit, mit denen sie sich auseinandersetzen müssen und die meist den Kern unserer zutiefst chronischen Probleme bilden. Hochsensible Menschen sind aufgerufen, ihre Integrität zu bewahren, ihrer Mission treu zu bleiben und die Erde auf eine höhere Stufe zu heben und zu retten. Sie sind in der Lage, mithilfe dessen zu agieren, was sie in Form von Gaben und Gewahrsein in dieses Leben mitgebracht haben. Im Stadium der Einheit oder der chronischen Probleme ist es eine Gratwanderung, an den Seifenopern und verlockenden Nebenschauplätzen des Egos vorbeizugelangen. Es ist leicht, uns im Elend und in der tiefen Einsamkeit und Trostlosigkeit am Beginn dieses Stadiums zu verstricken. Sie sind unser Beweis, dass Gott ein schlechter GOTT ist und dass *wir* selbst GOTT sein sollten. Dieser Bereich unseres Bewusstseins liegt in hohem Maße verleugnet und verteidigt tief im Unbewussten verborgen. Unter der Trostlosigkeit eines chronischen Problems oder einer chronischen Krankheit verbirgt sich ein Wutausbruch oder sogar eine „Masche", bei der es sich um einen zur Kunstform erhobenen Wutausbruch handelt. Diese Schritte verbergen Starrsinn, Negativität, passive Aggression, falsche Geisteshaltung, Mutwillen, Widerborstigkeit, Schwäche, Widerstand, Rebellion, Aufsässigkeit, Unnachgiebigkeit, Pervertiertheit, Unzugänglichkeit, Unversöhnlichkeit und Unverbesserlichkeit.

Alle diese Dinge verbergen unsere Angst vor Veränderung. Die Angst vor Veränderung verbirgt wiederum unseren Autoritätskonflikt und die Schattenfigur des Rebellen. Unser Autoritätskonflikt zeigt sich in der nächsten Schicht – oder im nächsttieferen Schritt – als Entscheidung für Götzen oder falsche Götter anstelle von GOTT. Götzen führen zu zerschlagenen Träumen und Schmerz, die wiederum Groll erzeugen, der das Ego mithilfe von Selbstkonzepten stärkt. Diese Dynamik macht uns blind für unseren Kampf mit GOTT. Wir benutzen chronische Schuld, Leiden oder andere dunkle Themen, um GOTT anzugreifen. Das hat zur Folge, dass wir uns selbst zurückhalten und IHN als den Feind betrachten. Auf diese Weise schreibt das Ego *sich* und nicht GOTT als unentbehrlich in unserem Leben fest und wir wenden uns von der Gnade ab, die uns retten würde.

Unter diesen Schritten liegt noch eine weitere vollständige Schicht verborgen: Arroganz und *Schadenfreude*. Für hochsensible Menschen kann diese Falle der Überlegenheit besonders quälend sein, vor allem dann, wenn sie falsche Ziele erreichen wollten und deshalb die falsche Richtung eingeschlagen haben. Statt die Menschheit auf eine höhere Stufe heben zu wollen, fühlen sie sich abgeschnitten, sind der Meinung, über anderen Menschen zu stehen, und glauben, dass die normalen Regeln für sie nicht gelten. Sie glauben möglicherweise sogar, dass sie über dem Gesetz stehen. In Fernseh- und Kinofilmen nimmt diese Rolle der skrupellose kriminelle Drahtzieher ein. Sie sind nicht daran interessiert, der Welt zu dienen. Sie können im verführerischen Glanz ihrer Macht gefangen sein, die als Beherrschung zum Ausdruck kommt. Statt ihre auf dieser Ebene manchmal enorm große Macht zu nutzen, um andere Menschen zu ermächtigen und der Welt zu helfen, versuchen sie, sie zu beherrschen oder alles aus ihr herauszupressen, was sie bekommen können. Sie können in Sinnesgenüssen oder in Gier gefangen sein, statt ihre Genialität, ihre Gaben, ihre Fülle und ihren Erfolg, ihre Erfindungen oder ihre künstlerischen Fähigkeiten einzubringen, um die Welt zu befreien und zu segnen.

Eine weitere Gefahr für hochsensible Menschen besteht dann, wenn sie infolge eines erlittenen Herzensbruchs in so hohem Maße unabhängig geworden sind, dass sie selbst zum Herzensbrecher werden, oder sich nach einem erlittenen Verlust davor fürchten, loszulassen. Dann leiden sie nicht nur enorm, sondern erfinden möglicherweise auch Emotionen, damit sie weiter festhalten können. So müssen sie sich weder ihrer Angst vor Nähe noch der Angst vor ihrer Lebensaufgabe und ihrer Bestimmung stellen. Wenn wir loslassen, durchleben wir zunächst alle negativen Ereignisse. Danach trauern wir und lassen alle positiven Erfahrungen, die wir mit dem betreffenden Menschen gemacht haben, allmählich los. Wenn wir einen Götzen in uns tragen, der zu tiefer Enttäuschung oder Desillusionierung geführt hat, dann kann es passieren, dass wir depressiv werden. Wir haben vielleicht hohe Erwartungen und fragen uns deshalb jetzt: „Ist das etwa schon alles?“ Wir erkennen vielleicht nicht, dass das, was *wir* einem Menschen geben, ihm die Bedeutung gibt, die er für uns hat. Hochsensible Menschen, die ihr Leiden, ihren Wutausbruch oder ihr theatralisches Getue auf die Spitze treiben, können sich auch selbst in den Wahnsinn oder sogar in den Tod treiben, um das Maß ihrer verlorenen Anhaftung zum Ausdruck zu bringen. Das zeigt auch unseren Autoritätskonflikt und unsere Rebellion. Oftmals stellen wir uns nach außen auch als „Trauerkloß“ dar, um Aufmerksamkeit zu bekommen. Dabei lassen wir uns jedoch nur für den Augenblick helfen, damit wir weiter nehmen können. Manchmal benutzen wir unseren leidvollen depressiven Zustand auch als eine Form passiver Aggression und verbergen den Ort, an dem wir andere Menschen hämisch zum Narren halten und ihr Mitgefühl und ihre Hilfsbereitschaft ausnutzen.

Wenn hochsensible Menschen ihrem Ego erliegen und sich von ihm als Geisel nehmen lassen, können sie zu ausgesprochen bösartigen „Nehmern“ werden. Es kann auch passieren, dass sie sich trotz ihrer Hochsensibilität als schwach und verbittert empfinden, statt ihre Begabtheit und die resiliente Stärke zu sehen, mit der sie gesegnet sind. Ein wichtiger Punkt, der nicht nur hochsensible, sondern alle Menschen betrifft, sind die Klagen, die wir gegen andere Menschen richten. Unsere Klage ist eine Erwartung, die eine Forderung verbirgt, die wiederum ein Bedürfnis verbirgt, das verbirgt, dass wir genau das nicht geben, was wir laut unserer Klage nicht bekommen. Wenn wir uns beklagen, etwas erwarten oder etwas fordern, geben wir genau das nicht, worüber wir uns beklagen. Wir geben es weder uns noch dem Menschen, über den wir uns beklagen, weil er es uns nicht gegeben hat. *Es ist wichtig zu erkennen, dass unsere Emotionen und unsere Probleme eine Klage sind.* Das können wir uns immer wieder bewusst machen, wenn wir wegen eines Fehlers kleinlich sind und andere Menschen angreifen.

Sobald du beginnst, das Unbewusste zu erforschen, hast du es mit Mythen, Legenden, Symbolen und Metaphern zu tun. Die folgende Metapher zeigt, wie wir in die Welt der Trennung, der Illusionen und der Dualität gelangt sind und was im Stadium der Einheit geschieht. Wir waren im Zustand des EINSSEINS, bis wir besonders sein wollten. Wir waren bereit, die überwältigende Freude des EINSSEINS aufzugeben, um unseren eigenen Willen durchzusetzen und unseren eigenen Weg zu gehen. Infolgedessen sind wir in den Traum der Trennung und die damit verbundene Konkurrenz um Besonderheit hineingefallen. Dieser Fall aus dem Zustand des EINSSEINS war die tiefste dunkle Nacht der Seele. Statt einfach aus dieser illusionären Welt aufzuwachen, sind wir jedoch der Versuchung des Egos erlegen, König – oder Kaiser – nein, warte, Gott – unserer eigenen Welt zu sein. Wir glaubten, einen anderen Willen als den WILLEN GOTTES haben zu können, was natürlich unmöglich ist. In unserem Verlangen danach, das zu erreichen, was das Ego uns versprochen hatte, begannen wir jedoch zu träumen, dass wir uns trennen und alles tun konnten, was wir wollten. Bei jedem weiteren Fall auf eine tiefere Ebene half das Ego uns, diesen Anteil unserer schmerzhaften Vergangenheit abzuspalten und zu verdrängen. Wir sind viele hundert Male gefallen. Der erste Fall, den wir verurteilt, abgespalten und projiziert haben, hat dunkle Götter hervorgebracht. Die zweite Schicht der Abspaltung hat Teufel, die dritte Schicht hat Dämonen erzeugt. Was wir abgespalten haben, war jedoch lediglich unser uraltes Ego, das wir in so hohem Maße verurteilt und verdrängt haben, dass es ein eigenes Bewusstsein zu besitzen scheint. Ebenso *scheinen* wir einen Willen zu haben, der vom WILLEN GOTTES getrennt ist, aber nichts außer dem WILLEN GOTTES existiert.

Nachdem wir diese Anteile abgespalten hatten, glaubten wir, dass sie ein eigenes Bewusstsein besäßen. Sie flößten uns Angst ein wie alles, wovon wir uns trennen, weil wir sie entrechtet hatten. Diese Bewusstseinsanteile sind äußerst machtvoll, aber nachdem wir uns von ihnen getrennt hatten, verloren wir die Kontrolle über sie. Es sind Aspekte unseres uralten Egos, die ihre Macht bewahren wollen. Sie erhalten die bestehende Situation in der Welt aufrecht, indem sie sich vom Leiden ernähren, um ihren Fortbestand zu gewährleisten. Anderenfalls lösen sich diese uralten Anteile im Laufe unserer Entwicklung einfach in unsere Ganzheit hinein auf, während wir uns selbst zurückgewinnen und wahre Fortschritte machen. Die abgespaltenen Anteile streben nach ihren eigenen getrennten und trennenden Identitäten. Die Dunkelheit ist unser uraltes Ego. Es will beherrschen und seinen eigenen Weg gehen, um sich und die Welt der Illusionen am Leben zu erhalten. Nachdem wir die abgespaltenen Anteile unseres Bewusstseins vergraben hatten, waren wir uns ihrer nicht mehr bewusst. Dann kam das uralte Ego auf die Idee, die Schuld nach außen zu projizieren, um sich ihrer vermeintlich zu entledigen – sie in Wirklichkeit aber dennoch aufrechtzuerhalten.

Der Druck, der diesem Urteil innewohnte, baute sich immer stärker auf, bis er schließlich in eine Explosion mündete, die zum Urknall des Universums wurde. Sie begann dort, wo wir uns selbst als Subjekt sahen, das ein getrenntes

Objekt betrachtet. Als die Rückentwicklung einen bestimmten Punkt im Fall des Bewusstseins erreichte, beschlossen wir zu beweisen, dass wir wirklich getrennt waren, und teilten uns in Körper auf. Dies war der Fall ins Stadium der Einheit. Zunächst schien die Trennung fließend zu sein und wir konnten viele Körper und viele Formen erforschen, manchmal sogar als Tiere oder Pflanzen, bis wir auf einer bestimmten Ebene schließlich einen ganzen Lebenszyklus lang in einen einzigen Körper eingeschlossen waren. Das schien zumindest für das Ego der Beweis dafür zu sein, dass wir tatsächlich getrennt waren.

Es kann passieren, dass wir im Laufe unseres Entwicklungsprozesses zu diesem Stadium zurückkehren und uns dieser Bewusstseinsebene öffnen. Wenn wir nicht in die Fallen des Egos tappen, können wir zu einem geheilten Heiler werden, der ein hohes Maß an Macht besitzt, um zum Wohl der Welt zu wirken und sie zu einen. Wenn wir auf dem richtigen Weg der Heilung sind, haben wir das Maß an Einbeziehung erreicht, das ein natürlicher Teil dieses Weges ist. Wir wissen, dass am Ende unseres Entwicklungsweges die Illusion der Trennung und der Unterschiede fortfallen wird. Wir werden zunächst die Einheit, dann die Vereinigung und schließlich das EINSSEIN aller Dinge erfahren.

Wenn wir zum Stadium der Einheit zurückkehren und beginnen, diese Ebene chronischer Probleme zu heilen, bewegen wir uns immer weiter fort von der Form und hin zum reinen Geist. Wir transformieren allmählich ursprüngliche Fallen wie die Verschwörungen gegen uns selbst und die dunklen Geschichten, die wir geschrieben haben. Wir gewinnen Anteile unseres Bewusstseins ebenso zurück wie die Macht und Herrlichkeit, die Teil unserer Wesensnatur und unserer Identität als KIND GOTTES sind. Wenn wir an diesem Punkt angelangt sind, leuchtet der reine Geist, der wir sind, immer mehr durch uns hindurch. Wir werden zu einem Leuchtfeuer, das anderen Menschen den Weg nach Hause weist. Wir haben sogar Zugang zur dämonischen Ebene der astralen Sphäre, die unsere chronischen Probleme mit Dunkelheit erfüllt, um sie zu heilen. In dem Maße, in dem wir verloren geglaubte Anteile unseres Bewusstseins zurückgewinnen, wächst auch unsere Verpflichtung, eine Partnerschaft mit dem HIMMEL einzugehen, um uns und andere Menschen zu retten. So beginnen wir die Welt in manchmal enorm hohem Maße zu einen. Dieses Maß an Erfüllung lässt uns begreifen, dass alles, was wir nicht über den Tod hinaus in die Ewigkeit mitnehmen können, es nicht wirklich wert ist, dass wir danach streben.

Das zu empfangen, was uns der HIMMEL gibt, und uns mit anderen Menschen zu verbinden, heilt unseren Mangel und schenkt uns ein höheres Maß an Sorgenfreiheit. Die Feinsinnigkeit eines hochsensiblen Menschen kann rankengleich zum HIMMEL hinauf- und zu anderen Menschen und zur mystischen Vereinigung einer Herzensverbindung hinausreichen.

12
Die Trennung der Verbindung nach oben und unten

Hochsensible Menschen müssen dieselben Lektionen lernen, vor denen auch alle anderen Menschen stehen. Manche gelangen elegant und souverän hindurch. Anderen gelingt es – wenn überhaupt – nur unter großen Schwierigkeiten und verbunden mit einem hohen Maß an Schmerz. Diese Lektionen umfassen Familienthemen, Pubertät und Sexualität ebenso wie die vielen gesellschaftlichen Themen an Schulen und Universitäten. Sexueller Missbrauch, Schikane und Rassismus können ebenfalls grundlegende Themen sein. Natürlich kann es sich dabei um Aspekte handeln, mit denen sich auch andere Menschen befassen müssen, aber hochsensible Menschen nehmen diese Dinge oftmals schwerer und erleiden härtere Rückschläge. Widrigkeiten können einen hochsensiblen Menschen dazu bringen, sein Licht durch sie hindurch leuchten zu lassen, oder ihn zutiefst verletzen.

Die Trennung der Verbindung nach oben oder unten ist ein Überlebensmechanismus, den das Ego benutzt, um einen hochsensiblen Menschen abzulenken. Es verspricht, uns vom Schmerz zu befreien. Stattdessen dissoziiert es den Schmerz jedoch, sodass er nur verborgen wird und wir ihn weiterhin in uns tragen. Er nagt weiter an uns, während er gleichzeitig weiteren Schmerz und Selbstsabotage vorprogrammiert.

Wenn ein Mensch die Verbindung nach unten abschneidet, hat er meist ein Trauma erlitten, das die unteren Chakras betrifft. Dazu gehören Überlebensfragen, das Gefühl, verlassen oder ungewollt zu sein, sexuelle Traumen, Herzensbrüche, Schuld oder ein Angriff auf sein Selbstverständnis. Es kann sich auch um eine Niederlage handeln, die einen Erfolg vereitelt und sein Selbstvertrauen beeinträchtigt hat. Wenn ein solches Ereignis eintritt, kann es passieren, dass er die Verbindung nach unten trennt. Das bedeutet, dass er die unteren Chakras abschneidet und sich zu einem gewissen Grad von ihnen entfernt. Je mehr er von diesen Chakras abgeschnitten ist, umso mehr kann er seine Lebendigkeit und seine Erdung verlieren. Dann kann es den Anschein haben, dass ein hochsensibler Mensch mehr auf andere als auf sich selbst bedacht ist. Er kann ätherisch und spirituell *wirken*, besitzt aber weder das notwendige Fundament noch die notwendige Vitalität, um zur Erleuchtung oder zu echter Spiritualität zu gelangen. Es mangelt ihm an der nötigen Robustheit, die ein hochsensibler Mensch braucht, um zu überleben, um die Funktion zu erfüllen, die sein Beitrag sein sollte, und um die Fülle seiner Bestimmung anzunehmen, die die Welt segnen würde. Wenn er die unteren Chakras abgeschnitten hat, fehlt ihm möglicherweise die nötige persönliche Verbindung, um die Gnade und die Wunder zu erbitten und zu empfangen, die es ihm ermöglichen, Ziele in der Welt zu erreichen und nachhaltig ein spirituelles Leben und spirituelle Ziele zu verwirklichen.

Die Trennung der Verbindung nach oben bedeutet, dass wir in Bezug auf die Liebe ernüchtert sind und den Glauben an die Spiritualität verloren haben. Wir sind zornig angesichts der Ungerechtigkeit und fühlen uns von anderen Menschen und vom HIMMEL alleingelassen und verraten.

Wie bei vielen Dingen, die uns widerfahren, sind wir uns der Gedanken und Emotionen, die dazu führen, dass wir die Verbindung nach oben oder unten trennen, oft nicht einmal bewusst. Sie sind Teil dessen, was uns unterbewusst beeinflusst. Das kann zur Folge haben, dass wir Herzensverbindungen, den Wunsch, anderen Menschen zu helfen, und unsere Lebensaufgabe und Vision aus Gehässigkeit abschneiden. Zu guter Letzt schneiden wir auch unsere Verbindung zur Gnade und zum Bewusstsein für unsere Engel, unsere Führer und unseren Lehrmeister ab. Stattdessen verstricken wir uns in körperliche Dinge und in weltlichen Tand. Wir verlieren ein wenig von unserer Feinsinnigkeit, unserem Fluss und unserer Intelligenz. Wir glauben nicht länger an eine höhere Macht, an die Macht unseres eigenen Geistes und an unsere Lebensaufgabe und Bestimmung. Statt zu erkennen, dass wir eigentlich in die Tiefe streben sollten, streben wir in die Breite. Sex und Erfolg werden zu großen und exklusiven Zielen in unserem Leben, während die persönliche Liebe und die Liebe zu den Menschen gegenüber der Erfüllung der eigenen Bedürfnisse und dem Beweis der eigenen Überlegenheit eine untergeordnete Rolle spielen. Wir erkennen nicht, dass es sich um einen Abwehrmechanismus gegen die Gefühle der Unterlegenheit und des Versagens handelt, die wir in uns tragen. Wir messen Erfolg an dem, was in der Welt geschieht, und sind in der Selbstverherrlichung des Egos gefangen.

Die meisten Menschen haben die Verbindung nach oben oder unten beliebig oft getrennt. Der wichtigste Schritt, um etwas daran zu ändern, besteht in der Erkenntnis, dass es geschehen ist, gefolgt von dem Eingeständnis, dass wir infolgedessen „verkümmert“ sind. Die Trennung der Verbindung führt dazu, dass wir Intelligenz, emotionale Reife,

Integrität, die Fähigkeit zur Verwirklichung unserer Gaben und das Gespür für unsere Lebensaufgabe verlieren. Sie ist geschehen, weil sich das Ego unseres Willens bemächtigt hat. Wir waren einverstanden, um ein altes Bedürfnis erfüllen zu können. Wie bei allen Bedürfnissen sind wir aber auch hier zwiegespalten, was die Erfüllung des Bedürfnisses angeht. Die Abtrennung der oberen Chakras hat dazu geführt, dass die spirituellen Verbindungen der Liebe, der Freude, der Gnade und der Hilfsbereitschaft abgestumpft sind.

Frage dich, wie oft du die Verbindung nach unten getrennt hast. Frage dich dann, wie oft du die Verbindung nach oben getrennt hast. Wenn du zwei Zahlen als Antwort erhältst, dann bedeutet das einfach, dass du die Antwort für dieses und für das nächste Wachstumsstadium erhalten hast. Du hast die Gelegenheit, beide Stadien zu klären. Frage dich, wie es sich auf dein Leben ausgewirkt hat, die Verbindung nach unten zu trennen. Achte besonders darauf, wie es sich auf deine Gesundheit, deine Selbstliebe, deine Unschuld und deinen Selbstwert ausgewirkt hat. Frage dich, wie es sich auf deinen Erfolg ausgewirkt hat. Stelle dir dann vor, wie dein Leben wäre, wenn du die Verbindung nach unten nicht getrennt hättest. Frage dich nun, wie es sich auf dein Leben ausgewirkt hat, die Verbindung nach oben zu trennen. Frage dich konkret, wie es sich auf dein persönliches Liebesleben, deine Fähigkeit zur Verwirklichung deiner Gaben und deine Bereitschaft, anderen Menschen zu helfen, ausgewirkt hat. Gehe der Frage nach, welche Wirkung es auf deine Intelligenz, deine Vision und deine Lebensaufgabe hatte. Frage dich, wie es sich auf deine Kreativität und deine Fähigkeit, Gnade, Wunder und den Trost der GÖTTLICHEN LIEBE zu empfangen, ausgewirkt hat.

Willst du wirklich auf diese Weise abgeschnitten sein? Was willst du? Du kannst alle Türen wieder öffnen, die du verschlossen hattest, und mit allen Bereichen wieder in Kontakt kommen, von denen du dich zurückgezogen hattest. Du kannst den HIMMEL bitten, dir alle Anteile deiner selbst zurückzugeben, die du weggeworfen hattest. Übernimm die Verantwortung dafür, dass du dich abgeschnitten hast. Bitte den HIMMEL darum, jeden Akt der Abtrennung aufzuheben und dich im größtmöglichen Umfang wieder neu nach oben und nach unten zu verbinden.

13
Das Beste, was die Menschheit zu bieten hat

Hochsensible Menschen verkörpern mit das Beste, was die Menschheit zu bieten hat – wenn es ihnen gelingt, ihr Potenzial zu verwirklichen und sie nicht auf die zahllosen Tricks hereinfallen, die das Ego ihnen ständig präsentiert. Sie lassen ihr Licht auf einer Ebene leuchten, die es ihnen ermöglicht, einen besseren Weg zu finden, und andere Menschen dazu inspiriert, es ihnen gleichzutun. Sie sind hier, um die Menschen und die Menschheit selbst auf eine höhere Stufe zu heben. Sie sind hier, um anderen Menschen durch ihren eigenen Weg Hoffnung zu geben und sie daran zu erinnern, wessen sie fähig sind. Vor allem aber sind sie hier, um die Menschheit zu erlösen, um sie vor sich selbst und den Machenschaften des Egos zu retten.

Sie sind hochsensibel, aber sie sind nicht in die Egofalle des Selbstmitleids getappt, weil sie es mit einer rauen und brutalen Welt zu tun haben, die oft kein Verständnis für transzendente Ziele hat. Viele Menschen begreifen nicht, dass sie es bei einem hochsensiblen Menschen mit einem Zauberwesen zu tun haben, sodass sie ihr Einhorn wie ein Pferd und manchmal sogar wie einen Packesel behandeln. Auf der anderen Seite kann es aber auch passieren, dass sie einen hochsensiblen Menschen verhätscheln und ihn wie ein Kind behandeln.

Hochsensible Menschen sind Visionäre und Pioniere, die sich seit vielen hundert Jahren mit der Angst und dem Widerstand der Menschen gegen Veränderung auseinandersetzen müssen. Sie haben enorm viel anzubieten, insbesondere dann, wenn sie nicht in ihrer eigenen Seifenoper gefangen sind. Sie sind gekommen, um der Welt zur Entwicklung auf eine neue und bessere Ebene zu verhelfen. Wir entwickeln uns allmählich von einer Welt des Todes zu einer HIMMLISCHEN Welt oder zumindest zum nächsten Schritt auf der Brücke in die Zukunft hin. Hochsensible Menschen bringen ein hohes Maß an Sühne mit, deren Verbundenheit neue Harmonie willkommen heißt, denn jede Form von Schärfe lässt sie leiden. Zu ihrem Überleben als voll verwirklichter hochsensibler Mensch gehört jedoch der notwendige Mut zu wissen, wie sie mit Angriff, Konflikt, ihrem eigenen Ego und dem Ego anderer Menschen und dem Verlangen, ihren eigenen Weg zu gehen, umgehen können.

Ein hochsensibler Mensch ist eine seltene und wunderbare Farbe im Spektrum, die für das GÖTTLICHE Leuchten in der Welt steht. Er wird aus der Ewigkeit in die Zeit berufen. Manchmal begibt er sich ins Schmiedefeuer, um in eine bestimmte Richtung gehärtet zu werden, damit der HIMMEL sich seiner bedienen kann, um die Menschheit gezielt zu erhöhen. Er erlangt das höchstmögliche Maß an Macht, wenn er begreift, dass er weder sein Ego noch sein Körper ist, und beginnt, sich im Namen der Kunst, der Wissenschaft, seiner Mitmenschen oder des HIMMELS seines Egos zu entledigen. Ein hochsensibler Mensch kann sich in seinem Handeln vom HEILIGEN GEIST leiten lassen, sodass er in einem sorgenfreien Fluss vorangelangt.

Es ist der HIMMEL, der hochsensible Menschen auf lange Sicht trägt. Er liefert die Inspiration und die Vision, die ihnen eine Richtung gibt. Der HIMMEL bringt die Heilung. Er schenkt nicht nur die Stärke und Beständigkeit, die hochsensiblen Menschen ermöglicht, einen neuen Weg zu sehen, sondern auch die Gnade, ihn zu verwirklichen. Ein hochsensibler Mensch, der vom HIMMEL getragen wird, ist der Fels, auf den jeder baut. Er bietet die Gaben seiner Vision unabhängig davon an, ob er von den Menschen akzeptiert oder anerkannt wird. Das bedeutet, dass es wie bei vielen Künstlern eine oder zwei Generationen dauern kann, bevor ihm in dem Bereich, in dem er seinen Beitrag leistet, Akzeptanz, Anerkennung oder Zuspruch zuteilwerden. Seine größte Erfüllung findet er, wenn er seinen Beitrag leistet und der ist, der zu sein er versprochen hatte. Verbunden mit dem HIMMEL kann er zur Brücke zwischen HIMMEL und Erde werden und ihr ätherische Schönheit und überwältigende Liebe bringen. Er ist in die Welt gekommen, um ein Kanal für Wunder und sogar für die GÖTTLICHE PRÄSENZ zu sein. So wird die für den Entwicklungsprozess benötigte Zeit auf ganz natürliche Weise verkürzt. Die GÖTTLICHE PRÄSENZ mehrt die Selbstliebe – den zentralen Aspekt, der hochsensible Menschen erkennen lässt, dass sie reiner Geist sind, und ihnen die damit verbundene Freiheit und Grenzenlosigkeit bringt.

14
Verzauberung

Große Macht geht Hand in Hand mit großer Verantwortung. Das haben wir alle schon einmal gehört. Dabei ist wahre Macht gleichbedeutend mit Selbstvertrauen. Selbstvertrauen will nicht beherrschen, denn wahre Macht will andere Menschen ermächtigen. Das stärkt die Position desjenigen, der ermächtigt, sodass alle auf eine höhere Stufe gehoben werden. Am Ende ihres Lebens betrachten Menschen die Gaben und Talente, die ihnen gegeben wurden, für gewöhnlich im Hinblick auf das, was sie erreicht haben. Ein hochsensibler Mensch ist vor allem in jungen Jahren und in der Zeit des Erwachsenwerdens meist zart besaitet. Rückschläge und Traumen kann er zwar in jedem Alter erleiden, aber in der Kindheit können sie die Weichen für den Rest seines Lebens stellen. Der englische Dichter William Wordsworth hat in einem seiner Gedichte geschrieben: „Das Kind ist der Vater des Mannes." Viele hochsensible Menschen besitzen hellsichtige, andersweltliche Kräfte oder die Fähigkeit, Dinge zu spüren oder zu erkennen, die anderen Menschen nicht bewusst sind. Viele hochsensible Menschen entscheiden sich für Eltern oder Familien, die sie beschützen. Andere entscheiden sich dagegen für Eltern, die von nachlässig bis despotisch das gesamte Spektrum elterlicher Fürsorge abdecken. Hochsensible Menschen, die hier sind, um als Heiler zu wirken, wählen für die Zeit des Erwachsenwerdens manchmal einen steinigen Weg in dem Wissen, dass er sie anspornt, Antworten nicht nur für sich, sondern auch für die Menschen zu finden, denen sie dienen wollen.

Unsere Geburt scheint ein perfekter Schnittpunkt für das zu sein, was auf der Ahnenebene an uns weitergegeben wird und was wir aus den gelernten und ungelernten Lektionen vergangener Leben als Teil unseres Seelenmusters mitgebracht haben. Diese Dinge kommen zusammen mit dem, was wir im Hinblick auf unsere Familie lernen und heilen wollen. Je weniger Verbundenheit es in unserer Familie gibt, umso schwieriger sind die Herausforderungen. Manche Kinder werden zu „Superkids" angesichts der Herausforderungen, vor denen sie stehen. Superkids sind die Kinder, die schon in frühen Jahren ein hohes Maß an Reife erlangen. Während es sich bei einigen Kindern zum Teil um eine Kompensation handelt, die in späteren Jahren geheilt werden muss, sind andere erstaunlich resilient und auf natürliche Weise aufgeweckt, wach und findig. Manche sind Genies oder wandelnde Heilige, die jedem, der sie kennt, Segen bringen.

Tyrannische Menschen deuten die Zartheit eines hochsensiblen Menschen manchmal fälschlich als Schwäche und versuchen, ihn zu bestrafen oder herabzusetzen, weil sie ihn als Bedrohung für das sehen, was sie sind, nämlich als wandelnde Anklage ihres eigenen Nehmens und tyrannischen Verhaltens. Tyrannische Menschen trachten danach, das zu bestrafen, was anders ist, was sie nicht verstehen und nicht kontrollieren können. Die Dinge, denen hochsensible Menschen durch tyrannische Menschen ausgesetzt sind, entsprechen den Dingen, denen sie in größerem Maßstab durch die Gesellschaft ausgesetzt sind, die sie zerstören oder dafür sorgen will, dass sie in der Masse aufgehen.

Ein hochsensibler Mensch tut gut daran, zu einer Führungspersönlichkeit auf seinem Gebiet zu werden. Anderenfalls kann er leicht in die Fallen des Sich-Versteckens, der Aufopferung, der Distanziertheit, des Schwelgens, der Opferhaltung oder einer Kombination aus diesen Persönlichkeiten tappen, um nicht nur seiner Lebensaufgabe und seiner Bestimmung, sondern auch seiner Angst vor dem Unbewussten und dessen Schrecken aus dem Weg zu gehen.

Dennoch haben hochsensible Menschen die Möglichkeit, neue Verzauberung in die Welt zu tragen. Der Sage zufolge sind Feen und Elfen mit Beginn der industriellen Revolution und der Vorherrschaft des Eisens allmählich von der Erde verschwunden. Nun haben wir die Möglichkeit, diese Verzauberung – vom primitiven Aberglauben befreit – zurückzugewinnen. Das auf die Verzauberung folgende Stadium ist das Reich der Heiligen und der Engel, das Spiritualität in die Welt hineinbringt, sie segnet und auf eine höhere Stufe hebt. Wir sind aufgefordert, uns selbst zu reinigen und auf eine höhere Stufe zu heben, damit wir eine positive Wirkung auf die Welt haben können. Wir sind aufgefordert, die Welt zu transformieren, damit sie ein neues Maß an Zartheit erlangen kann. Das erlaubt Fülle, weil wir in höherem Maße miteinander teilen. Es eint und bringt die Menschen in Gemeinschaft zusammen. Sofern sie nicht verletzt wurden, sind hochsensible Menschen nicht in der Gier der Welt gefangen. Gier ist der Versuch des unabhängigen Bewusstseins, seine Bedürfnisse endlich ungeachtet dessen zu befriedigen, dass es dissoziiert ist und nicht empfangen kann. Gier und Beherrschung befriedigen nicht. Sie sind nie genug. Die Angst vor Verlust und Misserfolg treibt die Gier an. Alle diese Dinge reizen hochsensible Menschen nicht. Sie haben eine höhere Berufung und wollen sich nicht in die groben Realitäten verstricken. Auch wenn sie schöne Dinge wertschätzen, wollen sie sich nicht für den Gott des Mammons und der Beherrschung aufopfern.

Wenn ein hochsensibler Mensch seinem feinsinnigen und künstlerischen Geschmack keinen natürlichen Ausdruck verleihen kann, sucht er im Laufe des Erwachsenwerdens für gewöhnlich nach Büchern, Filmen oder anderen Möglichkeiten, seinen Horizont zu erweitern. Er will nicht in familiären, kulturellen oder nationalstaatlichen Normen gefangen sein. Er ist in die Welt gekommen, um einen wahreren Ton vorzugeben, und nicht, um sich den Ton vorgeben zu lassen. Er hat die Fähigkeit, der Welt die Verzauberung zurückzubringen.

15
Hochsensible Menschen, das Weibliche und Prinzipien der Heilung

Hochsensible Menschen haben eine stark ausgeprägte weibliche Seite. Wenn sie als Kind die abhängige weibliche Ebene und ihre ersten Beziehungen durchleben, können sie leicht verwundet werden und wie wir alle das Gefühl haben, dass sie zum Opfer gemacht wurden. Wenn sie glauben, dass ihre weibliche Seite das Problem ist, neigen sie dazu, sie abzuschneiden, indem sie unabhängig werden und ihr Lager in der Dissoziation des übersteigerten, unwahren Männlichen aufschlagen. Um die tiefen Verletzungen zu überwinden, die durch die abhängige weibliche Seite entstehen können, ist es für einen hochsensiblen Menschen enorm wichtig, sich grundlegendes Wissen über Heilung und emotionale Reife anzueignen. Jungen, die eine stark ausgeprägte weibliche Seite besitzen, werden tyrannisiert oder verspottet, weil sie anders oder vermeintlich homosexuell sind. Vielleicht sind sie tatsächlich homo- oder bisexuell, können aber ebenso gut einfach ein ausgesprochen empathisches und mitfühlendes Wesen haben. Mädchen, die eine stark ausgeprägte weibliche Seite haben, sind oftmals sehr begehrt, sobald sie die Pubertät erreichen, weil das Männliche sowohl emotional als auch chemisch nach dem Weiblichen lechzt. Das gilt ebenso umgekehrt, wie mir ein Meisterchemiker einmal erklärt hat. Sobald wir auf die unabhängige Ebene gelangen, können wir unsere weibliche Seite von dem Ort zurückgewinnen, an dem sie verwundet wurde. Dies ist unerlässlich, um zur wahren Partnerschaft zu gelangen. Die folgenden Prinzipien sind von grundlegender Bedeutung, wenn es darum geht, Opfersituationen zu heilen:

1. Alle Opfersituationen können transformiert werden, und das bedeutet, dass auch aller Schmerz transformiert werden kann.
2. Alle Opfersituationen sind Missverständnisse. Sobald die Situation verstanden wird, werden der Schmerz und das Opferereignis transformiert.
3. Alle Opfersituationen verbergen die Gaben, die Lebensaufgabe und die Bestimmung des Menschen, der zum Opfer gemacht wurde. Diese Dinge können benutzt werden, um das Ereignis zu transformieren.
4. Emotionen sind Reaktionen, die von altem Schmerz herrühren, den wir bereits in uns tragen.
5. Emotionen zeigen, wo wir und nicht andere Menschen einen Fehler gemacht haben.
6. Eine Opfersituation verbirgt Elemente der Angst, der Schuld und der Rache, die zu der Opfersituation geführt haben.
7. Opfersituationen beruhen auf einer geheimen Absprache. Wir lassen sie geschehen, um etwas zu bekommen, uns zu verstecken und klein zu bleiben. Das liefert uns die Ausrede, die wir brauchen, um vor unserer Lebensaufgabe davonzulaufen. Wir benutzen Opfersituationen, um insgeheim unsere Unabhängigkeit und unser Ego zu stärken.

Opferereignisse führen zu Opfermustern des Herzensbruchs, der Niederlage und der zerschlagenen Träume. Sie verstärken Angst, Schuld und Rache. Sie haben weitere Opfersituationen oder dissoziierte Unabhängigkeit zur Folge. Durch den Versuch, uns zu schützen, trennen wir uns vom Leben, von anderen Menschen und sogar von uns selbst. Im letzteren Fall will ein hochsensibler Mensch sich davor schützen, benutzt zu werden oder sich in Aufopferung zu verstricken.

Dabei haben alle Menschen ein starkes Bedürfnis nach Beziehungen. Wenn ein hochsensibler Mensch nicht nur seine Beziehungslektionen, sondern außerdem auch lernt, seine verwundete weibliche Seite zu heilen und wertzuschätzen, kann er sie retten und zur wechselseitigen Abhängigkeit gelangen, die auch seine männliche Seite ins Gleichgewicht bringt und heilt. Wenn er die Lektionen, die Dissoziation und Unabhängigkeit heilen, nicht lernt, strauchelt er für gewöhnlich, während er versucht, sein Herz zurückzugewinnen. Auf der Ebene der wechselseitigen Abhängigkeit gewinnt er sein Gleichgewicht in immer stärkerem Maße zurück und gelangt so auf höhere Stufen der Liebe, des Selbstvertrauens und der Hilfsbereitschaft. Von der wechselseitigen Abhängigkeit steigt er zur radikalen Abhängigkeit auf, die auch als das radikale Weibliche bezeichnet wird. Hier lernen wir, unsere Eigenständigkeit ebenso aufzugeben wie das Vorrecht des Egos, Entscheidungen zu treffen. Wir werden wieder wie die Kinder und lassen zu, dass der HIMMEL alle unsere Entscheidungen trifft. Wir lassen zu, dass der HIMMEL uns in Liebe, Wahrheit und Glück leitet. Das führt uns ins Herz des HIMMELS mit seiner reinen LIEBE, seinem LICHT und den Gefilden der Freude.

Der Aufstieg unseres Bewusstseins gründet sich auf das Weibliche – darauf, in welchem Umfang es uns gelingt, unsere weibliche Seite ins Gleichgewicht zu bringen und zu erneuern. Das Weibliche ist die Grundlage unserer Selbstliebe. Sobald wir zum Gleichgewicht und zur Partnerschaft gelangen, schreitet unsere Entwicklung mit großer Wahrscheinlichkeit weiter voran. Es ist der Mut der männlichen Seite, sich zu den höheren Ebenen des Weiblichen zu bekennen, sie zu nähren und sich daran zu erfreuen. Noch mehr Mut braucht die männliche Seite, um selbst ins Gleichgewicht zu gelangen und sich anschließend mit dem Weiblichen zu integrieren. Auf den höchsten Ebenen wird das Männliche in das Weibliche eingebunden. Sobald wir die höheren Stufen des Stadiums der Vision auf der Ebene wechselseitiger Abhängigkeit erreichen, hat das Weibliche den Vorrang. Wir empfangen zuerst und dann geben wir. Wir empfangen die Vision zuerst und dann teilen wir sie.

Je höher unser Bewusstsein aufsteigt, umso mehr verlassen wir uns auf die Gnade anstelle unserer eigenen Macht. Im Stadium der Meisterschaft erlangen wir ein hohes Maß an Androgynie. Wir verstehen den „Witz" über Männer und Frauen, männlich und weiblich. Wir erkennen, dass wir, wie es in *Ein Kurs in Wundern* heißt, nichts tun müssen. Nicht, weil wir träge sind, sondern weil wir erkennen, dass die Welt eine ungeheuer große Halluzination ist, die die Wahrheit überdeckt, und dass die Wahrheit das PARADIES ist. Wir brauchen den Traum nicht zu nähren, indem wir in ihn investieren. Stattdessen warten wir darauf, dass der HIMMEL uns zu dem führt, was wir zu tun haben, und erlauben IHM anschließend, es durch uns zu tun. Der letzte Aspekt unseres Egos ist das Weibliche, wenn wir unseren Willen wieder in vollkommene Übereinstimmung mit dem WILLEN GOTTES bringen. In dem Maße, in dem das Weibliche in uns wächst, nehmen auch unser Mitgefühl, unsere

Barmherzigkeit, unsere Liebe und unsere Selbstliebe zu. Gleichzeitig vertiefen sich unsere Unschuld, unsere Selbstliebe und unser Selbstwert. Das Weibliche ist verletzlich, aber trotzdem offen und von Stärke erfüllt.

Wenn die Wirtschaft die Welt in diesem Jahrhundert retten soll, muss sie in ein Gleichgewicht von männlich und weiblich hineinwachsen, denn anderenfalls bleibt sie in Gier und Machtdenken stecken, statt dem Wohl aller Menschen zu dienen.

16
Enttäuschung, Desillusionierung und Verbitterung

Wenn unser Leben nicht von Depressivität geprägt sein soll, müssen wir lernen, mit Enttäuschung umzugehen. Wir wollten eine glückliche Familie. Wir wollten bessere Eltern; sie sollten sich besser um uns kümmern. Wir wollten Eltern, die weniger stritten, die weniger selbstzentriert waren, die nicht tranken, sich herumtrieben oder ständig arbeiteten. Wir wollten einen Partner, der uns liebt und umsorgt. Und dennoch … Es gibt eine Reihe von Prinzipien, die sich zeigen, wenn wir der Enttäuschung ins Unterbewusstsein nachspüren.

1. Wir haben *erwartet*, dass unsere Eltern sich in der Weise um uns kümmern sollten, wie wir behandelt werden wollten. Unsere Erwartungen rühren von unseren Bedürfnissen her. Bedürfnisse gehen Hand in Hand mit einem gespaltenen Bewusstsein. Wir wollen, dass unsere Bedürfnisse erfüllt werden – und zur gleichen Zeit wollen wir es nicht, weil wir Angst haben, dann unsere Unabhängigkeit zu verlieren.
2. Wir können nur dann enttäuscht sein, wenn wir Forderungen oder Erwartungen hatten. Das bedeutet, dass *wir das erwartet haben, was wir entweder uns selbst oder unseren Eltern nicht gegeben haben.*

3. Wenn wir glauben, den Erwartungen unserer Eltern nicht gerecht geworden zu sein, ist es tatsächlich so, dass sie *unseren* Erwartungen nicht gerecht geworden sind. Wenn wir sie durch die Augen der Liebe betrachten und erkennen, dass sie das Beste getan haben, dessen sie fähig waren, glauben wir es auch von uns selbst.
4. Unsere Beziehung zu unseren Eltern hatte sehr viel mit ihrer Beziehung zu ihren Eltern zu tun. Wir haben auf einer Seelenebene versprochen, unsere Eltern vor sich selbst zu retten und dem gesamten Ahnenbaum zu helfen.
5. Wir waren desillusioniert, und das bedeutet, dass wir eine Illusion darüber gehegt haben, wie die betreffende Person oder Situation unserem Willen nach sein *sollte*, aber nicht war. Wenn wir auf das Unterbewusstsein achten, zeigt sich jedoch, dass nichts geschieht, ohne dass wir uns dafür entschieden haben. Wir hatten ein bewusstes Ziel, aber unser Unterbewusstsein hatte ein anderes Ziel im Sinn, zu dem Ausreden, die Möglichkeit, uns zu verstecken, die Möglichkeit, vor unserer Lebensaufgabe davonzulaufen, und Unabhängigkeit gehören.
6. Desillusionierung zeigt, *dass wir in unserem Leben und in unseren Beziehungen den größten Fehler gemacht haben*, den es gibt und der darin besteht, nach etwas außerhalb von uns zu suchen, das uns glücklich machen soll. Wenn wir diese Erwartung an einen anderen Menschen oder an eine äußere Sache richten, sind Herzensbruch und zerschlagene Träume fast immer die Folge, weil wir sie zu einem Götzen gemacht haben.
7. Verbitterung rührt von enttäuschten Erwartungen her. Ein Mensch oder eine Sache ist dem Bild nicht gerecht geworden, das wir uns von ihm oder von ihr gemacht hatten. Eine Erwartung und die damit verbundenen

Forderungen und Bedürfnisse sind jedoch der Beweis für ein gespaltenes Bewusstsein. Immer wenn wir etwas erwarten, wollen wir es und wollen es gleichzeitig nicht. Das verhindert, dass wir empfangen können. Um zu empfangen, müssen wir Erwartungen, Forderungen und Bedürfnisse loslassen. Aller Schmerz rührt von Anhaftung her.

8. Die Rückführung eines Menschen in sein vorheriges Leben zeigt, dass er jetzt in der für ihn perfekten Familie lebt. Er hat die perfekten Eltern, um die Lektionen zu lernen, die seine Seele lernen wollte, und um die Gaben zu verwirklichen, die er der Welt bringen wollte. Tatsächlich hat er dem Lehr- und Heilungsplan, der bei seiner Geburt für ihn aufgestellt wurde, uneingeschränkt zugestimmt. Die Verbitterung, die daher rührt, dass wir die *Richtigkeit* unserer Umstände missverstehen, kann unser ganzes Leben vergällen. Mangelnde Wertschätzung der Wahrheit kann andererseits auch zu einem falschen Gefühl der Privilegiertheit führen, das aus dem Glauben heraus entsteht, betrogen worden zu sein. Wenn du in die Zeit vor diesem Leben zurückgeführt würdest, könntest du sehen, dass du hier bist, um genau die Dinge zu heilen, zu berichtigen und als Teil deiner Lebenslektionen zu geben, über die du dich in diesem Leben beklagst. Was dir deiner Meinung nach entzogen wurde und worüber du dich beklagst, sind genau die Dinge, die du geben wolltest, weil du sie als Gaben für deine Eltern und deine Familie mitgebracht hast. Wenn du erkennst, was du berichtigen wolltest, und wenn du gibst, was du geben wolltest, dann erreichst du ein ganz neues Maß an Macht, Fertigkeit und Wohlbefinden im Leben. Sobald du begreifst, dass das, was geschehen ist,

im Kontext der Entwicklung deiner Seele geschehen ist, ändert sich das, was das Leben ausmacht. Du erkennst, dass der Versuch, äußere Aufmerksamkeit oder äußeres Glück zu bekommen, dich einer Welt der Anhaftung und des Schmerzes ausgesetzt hat. Auf einer spirituellen Ebene zeigt die Tatsache, dass dir etwas entzogen wird, ebenfalls deine Anhaftung.

9. Wenn deine Entwicklung begonnen hat, begreifst du allmählich, dass die einzige Bedeutung im Leben die ist, die du ihm gegeben hast. Depression und Desillusionierung können die Folgen sein, wenn die Welt die Bedeutung verliert, die du ihr gegeben hattest, aber *das kannst du ändern*. Es kann dich dazu bringen, dich der Bedeutung zu öffnen, die der HIMMEL deinem Leben gegeben hat, statt am Leben zu verzweifeln. Die Bedeutung, die das Ego deinem Leben gibt, führt früher oder später stets zu Enttäuschung oder Desillusionierung. Die Bedeutung, die der HIMMEL deinem Leben gibt, lädt dich ein, die Bedeutung des Egos aufzugeben.

Desillusionierung und Verbitterung sind Erfahrungen, die du mit zunehmendem Alter häufig machst, wenn du nicht gelernt hast, frei von Anhaftungen zu sein. Das ist vor allem dann der Fall, wenn du im Ruhestand und deshalb nicht mehr so beschäftigt bist. Wenn du Anerkennung, Bedeutung und Glück weiter in der äußeren Welt suchst, steht dir ein böses Erwachen bevor. Dann kann ein Paradigmenwechsel ganz besonders hilfreich für dich sein, denn Enttäuschung ist das, was die Menschen wirklich zerstört. Du fühlst dich im Stich gelassen. Die Welt ist weder gütig noch großzügig oder verlässlich. Du verlierst den Glauben an das Leben und an dich selbst. Menschen in dieser Lage geben auf.

Enttäuschung und Desillusionierung können hochsensible Menschen sehr hart treffen. Manchmal setzen sie sich bereits in der Schule mit Bedeutungsfragen auseinander. Auch wenn wir alle uns diesem Thema stellen müssen, können wir also die Schönheit und die Inspiration verlieren, die hochsensible Menschen der Welt zu geben haben, wenn es in ihrem Umfeld niemanden gibt, der sie versteht und der ihre Sprache spricht. Wir können hochsensiblen Menschen helfen, sich auszurichten, und sie in den großen Themen des Lebens inspirieren — oder sie können sich im Irrgarten der Welt verlieren und sind unfähig, den Beitrag zu leisten, den sie in diesem Leben leisten wollten. Wenn wir hochsensiblen Menschen helfen, helfen wir im gleichen Maße auch uns selbst.

17
Was du tun kannst

Du kannst hochsensible Menschen in ihrem Bestreben, das Bewusstsein auf eine höhere Stufe zu heben, unterstützen, indem du ihnen hilfst, ihre Lebensaufgabe zu erfüllen. Wenn du dich von diesem Buch angesprochen fühlst und selbst nicht der Generation Y angehörst, die es dazu drängt, sich und die Welt zu verbessern, dann ist es vielleicht deine Aufgabe, den Weg für sie zu bereiten, oder du bist sogar selbst hochsensibel. *Bewusstheit* ist der erste Schritt zur Hilfe. Der zweite Schritt ist *Resonanz*. Der dritte Schritt ist die *Einschätzung*, wo du – gemessen am allgemeinen Stand der Dinge – aktuell stehst. Bist du grün? Bist du umweltbewusst? Wozu bist du aufgerufen? Da das Bewusstsein eins ist, hilft deine Heilung nicht zuletzt der ganzen Welt. Unsere Transformation kann sich auf alle Menschen auswirken. Willst du einen besseren Weg? Bist du zuversichtlich, dass du dazu beitragen kannst, ihn zu verwirklichen?

Als älterer hochsensibler Mensch kannst du dir die folgenden wichtigen Fragen stellen: Wie hoch ist das Maß an Verkrustung, Zynismus und Bitterkeit, das du im Laufe deines Lebens aufgebaut hast? Wie viele Herzensbrüche und Geschichten des Herzensbruchs trägst du in dir? Sie haben dich mutlos gemacht und dafür gesorgt, dass dein Leben von Aufopferung statt von Begeisterung und Freude geprägt ist. In dem Maße, in dem du verletzt wurdest oder deine

Verletzungen unter dissoziierter Unabhängigkeit verborgen hast, trägst du auch Muster des Opfers und der Aufopferung in dir. Erkenne, dass dein Schmerz und deine Muster nicht die Wahrheit sind. Du kannst helfen, indem du deine Verletzungen heilst.

Verpflichte dich deiner Heilung. Verpflichte dich der Wahrheit. Verpflichte dich Freiheit und Mühelosigkeit, denn alle diese Dinge lassen die Partnerschaft entstehen, die die Welt so dringend braucht. Wo du einen Herzensbruch erlitten hast, dort trägst du Muster der Rache, des Hasses und des Selbsthasses in dir. Du bist aufgerufen, zuerst deinen bewussten und dann deinen unterbewussten und unbewussten Groll und Schmerz zu klären. In den letzten Jahren ist das Kollektive zu einem Teil der persönlichen Themen aller Menschen geworden. Du kannst Wege finden, um zur Heilung der ungeheilten Vergangenheit der gesamten Menschheit beizutragen. Wenn du künstlerisch tätig bist, kannst du über alles, was dir widerfahren ist, hinausgelangen, indem du es einsetzt, um deine Kunst voranzutreiben. Wenn du durch das hindurch gibst, was dich zurückhält, erschaffst du Transzendenz und hilfst so der Welt. Du kannst dir selbst, hochsensiblen Menschen und der Welt auch dadurch helfen, dass du anderen hilfst. Das bringt sie und dich in einen Fluss, in dem du unbeschwert und optimistisch das erwarten kannst, was kommt, weil du bereits an einem Ort des Wohlergehens bist.

Verstehen bringt Licht und im Verstehen wird das geheilt, was zerbrochen war. Was kannst du tun, um zu verstehen? Lerne, das zu akzeptieren, was dich verletzt oder aufregt, bis du in Frieden bist. Denke daran, dass du dich mit dem, was du nicht akzeptierst, abfinden musst, und dass das, wogegen du dich wehrst, dich in dem Maße verletzt, in dem du dich ihm widersetzt. Lerne, deine Urteile und deinen

Groll loszulassen, denn es sind Fehler, die dein Ego benutzt, um deine eigene Schuld zu überdecken. Schuld ist ebenfalls eine entsetzliche Illusion, die eine zerstörerische und selbstzerstörerische Wirkung hat. Frage dich, wo du glaubst, bestimmte Dinge *tun zu müssen*. Sie weisen auf ein gespaltenes Bewusstsein hin und erzeugen Stress.

Wenn du Ziele hast, statt Forderungen zu stellen, wird Stress abgebaut und in Anziehung verwandelt, die dich zum nächsten Schritt im Leben bringt. Alle Dinge oder Menschen, an denen du festhältst, halten dich in deiner Entwicklung zurück und verhindern, dass du empfangen kannst. Lasse die negative Vergangenheit los, da sie sonst immer wieder schmerzt. Lasse auch alles los, was positiv war, denn dein Festhalten daran verhindert, dass du diese Dinge jetzt empfangen kannst. Was du willst, ist Frieden. Lasse jedes „ich muss", „ich soll", „ich müsste" und „ich sollte" los. Solche Selbstermahnungen setzen dich unter Druck, lassen aber sogar für den Fall, dass du erfolgreich bist, nicht zu, dass du eine Belohnung empfängst.

Nichts wird jemals gut genug für dich sein, wenn du dir selbst nicht gut genug bist. Das Gefühl, nicht gut genug zu sein, rührt vom Verlust der Verbundenheit her. Erkenne, dass Trennung die Wurzel aller Probleme ist. Erkenne, dass sie den Autoritätskonflikt erzeugt, der die Wurzel allen Übels ist. Er ist neben Angst, Schuld und Groll eine der grundlegenden Auswirkungen von Trennung. Erkenne, dass Angriff niemals gerechtfertigt ist. Er errichtet das Fundament des Egos, das aus Angriff und Selbstangriff besteht. Du bist entweder in Übereinstimmung mit deinem Ego, das dich zu seiner „Hure" macht, oder du bist Gastfreund des HIMMELS und bringst HIMMEL und Erde näher zusammen.

Erkenne, dass die Welt, die du wahrnimmst, deine Gedanken, Wünsche, Glaubenssätze und Werte widerspiegelt. Du siehst in ihr natürlich das, was du zu sein glaubst, aber auch das, was du abgespalten, verurteilt und nach außen projiziert hast. Die Welt ist dein Spiegel. Sie spiegelt das wider, was du auf sie projiziert hast – was du verurteilt hast und fürchtest. Vergebung und Verbundenheit befreien dich von den Illusionen, die mit Trennung begonnen haben. Wir sind aufgerufen, an unserer Heilung zu arbeiten. Heilung bringt das Glück zurück und gibt uns die Möglichkeit, den Beitrag zu leisten, den niemand anderer leisten kann.

Wir sind hier, um durch unseren Beitrag die Todeswelt, in der wir leben, in eine HIMMLISCHE Welt zu verwandeln. Ein Blick auf die Ebenen des Unterbewusstseins und des Unbewussten zeigt, dass wir für alles verantwortlich sind, was in unserem Leben geschieht, auch wenn wir unsere Entscheidungen und unser heimliches Einverständnis verborgen haben. Wenn wir den Mut aufbringen, das anzuschauen, was wir vergraben haben, können wir andere, bessere Entscheidungen treffen, die mit dem HIMMEL und mit dem Glück in Übereinstimmung sind, statt für unser Ego und sein Verlangen nach Trennung zu leben. Das Ego will GOTT vom Thron stoßen und auf einer bestimmten Ebene sollen unsere schlimmsten Erfahrungen beweisen, dass GOTT ein schlechter GOTT ist und dass *wir* deshalb GOTT sein sollten.

Du brauchst nur einen deiner HIMMLISCHEN FREUNDE zu bitten, an deiner Seite zu gehen, um deine Angst vor dem nächsten Schritt hin zu einem besseren Weg zu überwinden. Du brauchst nichts aus eigener Kraft zu tun. Der HIMMEL tut es *durch* dich, wenn du IHN um Hilfe bittest – von den alltäglichsten bis hin zu den allerheiligsten Dingen. Genieße dein Leben. Gewinne deine grenzenlose Macht zurück. Lerne, Wunder zu bewirken.

18
Die Frage der Bedeutungslosigkeit

Fast alle Menschen müssen sich irgendwann dem Thema der Bedeutungslosigkeit stellen, und wenn es so weit ist, geht sie fast immer mit einem hohen Maß an Todesversuchung einher. Schmerz oder der Verlust eines Menschen oder einer Sache, auf die wir uns verlassen haben, kann uns aus dem Spiel des Lebens hinauskatapultieren. Das Leben, das wir und alle anderen führen, kann uns desillusionieren. Es kann seine Bedeutung verlieren und das führt dazu, dass es uns nicht mehr nährt. Wir leben in einem Trott und warten darauf, dass etwas geschieht, während wir uns treiben lassen. Bedeutungslosigkeit kann auch durch Weiterentwicklung entstehen. Wir wachsen über das hinaus, was unser altes Leben zu bieten hat. Sehr oft gelangen wir zu der Erkenntnis, dass alles nur ein Traum ist, der – ganz gleich, was wir tun – keine echte Bedeutung oder Wirkung hat.

Wenn wir uns unserer Lebensaufgabe und dem Dienst an der Menschheit aus tiefstem Herzen widmen, können wir einen entscheidenden Beitrag dazu leisten, einer bedeutungslosen Welt die Bedeutung wiederzugeben. Eine einfache Übung der Heilung, die immer funktioniert, besteht darin, dir immer dann, wenn du es mit Bedeutungslosigkeit zu tun hast, die Frage zu stellen, wer deine Hilfe braucht, und Liebe durch die Bedeutungslosigkeit hindurch in den betreffenden Menschen einströmen zu lassen. Je nachdem, wie hoch das

Maß an Bedeutungslosigkeit ist, mit dem du es zu tun hast, kann es sein, dass du diese Übung mehrmals durchführen musst, um dich vollständig zu befreien. Du kannst auch den HIMMEL fragen, worin deine Bedeutung besteht. Die Worte, die dir in den Sinn kommen, bergen sowohl Gnade in sich als auch die Gabe, die gegeben wird, oder das, was zu tun du aufgerufen bist. Wenn du allen Menschen gibst, obwohl es sich bedeutungslos anfühlt, wirst du feststellen, dass es dir nach und nach eine Bedeutung gibt.

Hochsensible Menschen müssen sich wie allen Lebensthemen auch dieser Erfahrung früher stellen, erleben sie intensiver und häufiger als die meisten anderen Menschen. Wenn es nichts gibt, für das es sich zu leben lohnt, und die Welt scheinbar nur eine große Ablenkung aus Lärm und unnützen Dingen ist, können Einsamkeit, Entfremdung und Elend uns zu groß erscheinen, um sie zu ertragen. Dann ist es besonders wichtig, nach einem besseren Weg zu suchen. Du kannst Worte der Kraft benutzen, um die Bedeutungslosigkeit zwiebelgleich Schicht um Schicht abzuschälen, auch wenn zuerst eine Verschlechterung eintreten kann, falls unbewusste Fallen im Spiel sind. Ein Beispiel lautet: „Es muss einen besseren Weg geben." Ein weiterer Satz, ebenfalls aus *Ein Kurs in Wundern*, lautet: „GOTT will, dass ich davon erlöst bin." Du kannst Bedeutungslosigkeit auch überschreiten, indem du erkennst, dass sie dem ERWACHEN nahe ist. Bitte also immer wieder um den nächsten Schritt und verpflichte dich ihm. Wenn du dich angesichts von Bedeutungslosigkeit einer höheren Warte verpflichtest, entwickelst du eine spirituelle Lebenseinstellung, die von strahlender Bedeutung erfüllt ist.

Schließlich kannst du auch immer wieder um GÖTTLICHE LIEBE und GÖTTLICHE PRÄSENZ bitten und dadurch auf eine neue Stufe gehoben werden. Bedeutungslosigkeit kann, muss aber nicht niederschmetternd sein. Sie kann ein Sprungbrett zu höherem Bewusstsein und zu einer von größerer Meisterschaft geprägten Lebensweise in der Welt sein. Buddha erfuhr die Welt als eine große Leere, bis ER wollte, dass etwas darin präsent sein sollte, und ER hat die BUDDHASCHAFT in den Geist aller Menschen hineingetragen. CHRISTUS hat uns eine noch höhere Ebene der Erleuchtung gebracht und sowohl das PARADIES als auch die Pforte zum HIMMEL selbst erneuert. Alle diese Fallen sind Prüfungen, die unsere GÖTTLICHEN BRÜDER UND SCHWESTERN bestanden haben. Sie reichen zu uns hinaus, helfen uns, die Lektionen zu lernen und die Prüfungen zu bestehen, und führen uns damit zu unserem SELBST im EINSSEIN zurück. Du kannst um Hilfe bitten und ihre liebende Antwort spüren.

19
Hochsensible Menschen und Beziehungen

Hochsensible Menschen gehen meist mit großer Naivität und vielen romantischen Vorstellungen an Beziehungen heran. Das gilt natürlich für uns alle mit Ausnahme der Menschen, die bereits so viele Herzensbrüche erlitten haben, dass sie zynisch geworden sind, und manchmal sind gerade sie diejenigen, die heimlich nach einem Partner suchen, der sie rettet. Wir versuchen in unseren ersten Beziehungen den Mangel an Liebe und Aufmerksamkeit wettzumachen, der uns unserer Meinung nach in der Kindheit gefehlt hat. Wir tragen diese Kindheitsbedürfnisse in unsere ersten Beziehungen hinein. Hochsensible Menschen können Romantik, einen Partner oder Sex in diesem frühen Stadium leicht in Götzen verwandeln. Das kann große Dramatik, Desillusionierung und einen Herzensbruch zur Folge haben. Zerschlagene Träume können zu Opfermustern, Mustern der Aufopferung und Mustern der Unabhängigkeit führen. Sie können auch Muster der Rache, des Hasses und des Selbsthasses erzeugen, die außerdem Schuld und Angst vergrößern.

Fast alle diese Dinge finden auf einer unterbewussten Ebene statt. Normalerweise ist eine funktionierende Beziehung für hochsensible Menschen wichtiger als alles andere – vielleicht mit Ausnahme ihrer Lebensaufgabe. Die Tatsache, dass Beziehungen für sie eine so große Rolle spielen, heißt aber nicht, dass hochsensible Menschen die grundlegenden Prinzipien erfolgreicher Beziehungen – wie Ebenbürtigkeit und Gegenseitigkeit – kennen und sie umzusetzen wissen. Damit sie überleben können, müssen hochsensible Menschen etwas über Beziehungen, die Prinzipien emotionaler Reife und Kommunikation lernen. Es sind diese Prinzipien, die uns und unsere Beziehungen retten.

Prinzipien emotionaler Reife sind unter anderem: Emotionen gehen von uns aus, nicht von anderen Menschen oder äußeren Dingen. Wenn wir unsere Emotionen nicht nutzen, um Heilung zu erlangen, werden sie rasch zu Waffen und Formen emotionaler Erpressung. Emotionen sind unerledigte Geschäfte aus der Vergangenheit, die wir in uns tragen und die in der Gegenwart als Teil eines Musters wieder zum Leben erweckt werden. Emotionen weisen nicht auf etwas hin, das unser Partner falsch gemacht hat, sondern auf einen Fehler, den *wir* machen. Wenn wir unseren Fehler nicht berichtigen und die Lektion nicht lernen, spielt es keine Rolle, ob unser Partner seinen Fehler berichtigt, weil wir den Schmerz trotzdem in uns tragen. Wir können den Schmerz durch Kontrolle und andere Kompensationen zwar dissoziieren, aber sie lassen unsere Beziehung schrumpfen und führen zu Missbrauch und Langeweile oder zu Rollen, Regeln und Leblosigkeit. Das hat die Art von Eintönigkeit zur Folge, die hochsensible Menschen hassen. Diese Stumpfsinnigkeit, die oft kompensiert wird, rührt aber nur daher, dass wir uns zurückziehen, uns verstecken und unser Selbst in Traumen verlieren. Angst vor altem Schmerz kann dazu führen, dass hochsensible Menschen unabhängig werden, kontrollieren wollen, stets ihren Willen durchsetzen wollen und *nie ganz zufrieden sind.*

Die Alternative besteht darin, die Lektion zu lernen und

den alten Schmerz aufzulösen. Wenn wir uns für die Kontrolle entscheiden, verbergen wir den Schmerz und handeln unabhängig, fühlen uns innerlich aber trotzdem als Opfer. Heilung ist für hochsensible Menschen unerlässlich, denn wenn sie in Beziehungen vom Weg abkommen, kann es passieren, dass sie sich im metaphorischen Wald in ausgesprochen unwegsames Gelände verirren. Sobald sie die Lektion lernen, sind Beziehungen dagegen leicht zu meistern. Ungelernte Lektionen werden zu Opfermustern und Mustern der Unabhängigkeit, die kein Ort sind, an dem wir unsere Zelte aufschlagen sollten, weil sie Aufopferung nach sich ziehen und verhindern, dass wir empfangen können.

Der Lernprozess, der erforderlich ist, um zur wahren Partnerschaft zu gelangen, ist für alle Menschen eine Herausforderung. Einem hochsensiblen Menschen hilft dabei das Verlangen nach einem wahren Liebespartner, nach jemandem, mit dem er alle Lektionen bis hin zu und einschließlich einer mystischen Liebesbeziehung lernen kann. Ein hohes Maß an Integrität und Eigenverantwortung sowie der Wunsch, die eigene Angst vor Nähe zu heilen, kann für hochsensible Menschen eine große Hilfe sein, wenn es darum geht, Beziehungslektionen zu lernen. Dazu gehören die Beziehungsschritte, die wir gehen, wie die Heilung unserer Schattenfiguren und die Lektion von Unabhängigkeit und Abhängigkeit, die am Anfang aller Beziehungslektionen steht. Der nächste Schritt besteht darin, die Unterschiede zwischen Positiv und Negativ zu heilen. Alle diese Schritte verkörpern die Lektionen, in denen wir lernen, den Machtkampf in Beziehungen zu transformieren, indem wir Kontrolle in Selbstvertrauen und Vertrauen verwandeln. Nach den Schritten im Stadium des Machtkampfs gelangen wir zu den Lektionen im Stadium der toten Zone. Hier heilen wir beispielsweise die Teufelskreise aus Recht und Unrecht, Gewinnen und Verlieren, Gut und Böse. Anschließend heilen wir Rollen, Regeln und Pflichten, bei denen es sich um die Fallen und Kompensationen handelt, die Leblosigkeit erzeugen. Danach transformieren wir die ödipale Verschwörung, Konkurrenz, die Unterschiede zwischen Fels und Sumpf, dem Missbrauchstäter und dem Kranken. Alle diese Dinge müssen geheilt werden, ehe wir zur Partnerschaft gelangen können. Wenn wir bei jedem dieser Schritte den Wert von Kommunikation und Verpflichtung schätzen lernen, können wir unseren Lernprozess beschleunigen und unsere Verbundenheit vertiefen, während wir durch Schichten der Schuld und der Angst hindurch zur wechselseitigen Abhängigkeit gelangen.

Diese Partnerschaft gibt uns das Selbstvertrauen, uns als nächstes ins Unbewusste mit seinen großen Fallen und seinen sinnbildlichen Dämonen, Drachen und Schätzen zu wagen. Hier finden wir unsere Lebensaufgabe und unsere Bestimmung. Hier ist der Ort, an dem wir ungeachtet dessen, worin unser Beruf oder unsere Berufung besteht, zum Heiler werden.

Wir haben es bei jedem Schritt auf dem Weg zum EINSSEIN mit Beziehungslektionen zu tun. Beziehungen können zweifellos der schnellste Weg zu persönlichem Wachstum sein, sind aber auch genau das, wogegen sich das Ego – das Prinzip der Trennung – mit allen Kräften wehrt. In dem Maße, in dem wir uns mit einem anderen Menschen partnerschaftlich verbinden, gehen wir auch mit der GÖTTLICHEN LIEBE eine Partnerschaft ein. Das Ego ist entschieden gegen Liebe und Partnerschaft und hält deshalb zahllose Fallen bereit, um seine Ablehnung in Taten zum Ausdruck zu bringen. Mit Entschlossenheit und Verpflichtung kann es dir jedoch gelingen, die Lektionen zu lernen, wenn du dich aufmachst, alte und uralte Fehler zu berichtigen.

Es kann rasch passieren, dass hochsensible Menschen sich besiegt und niedergedrückt fühlen, wenn sie ihre Sensibilität, Intelligenz, Forderungen und Emotionen benutzen, um die Kontrolle zu behalten, und versuchen, einer Beziehung ihren Willen aufzuzwingen. Sie können Angriff, Depression oder Krankheit als Mittel einsetzen, um ihr Ziel zu erreichen. Wenn sie emotional schwelgen, haben sie für gewöhnlich einen hochsensiblen, extrovertierten Partner, der gerade lernt, die Dualität der Partnerschaft zu heilen, in der sein Partner einen verlorenen Anteil seiner eigenen Seele verkörpert. Der scheinbar emotionalere und sensiblere Partner will seinem Partner dagegen helfen, sein ganzes Herz zurückzugewinnen. So können beide zum nächsten Schritt aufsteigen, indem sie die unbewussten Schichten der Schuld und der Angst überall dort überwinden, wo sie gegensätzliche Positionen einnehmen.

20
Die Hilfe des Himmels

Ein hochsensibler Mensch braucht die Hilfe des HIMMELS, um das, was er sich vorgenommen hat, erfolgreich in die Tat umzusetzen. Das wird besonders deutlich, wenn wir die hohe Bewusstseinsstufe betrachten, für die eine solche Leistung steht. Er kann nicht aus eigener Kraft ans Ziel gelangen – es gibt zu viel zu tun und das Ziel ist zu weit entfernt. Es ist allerdings nicht zu viel, wenn er erkennt, dass er seine eigenen Möglichkeiten überschreiten kann, weil der HIMMEL mit all SEINER Macht jeden Schritt des Weges mit ihm geht.

Dadurch, dass er immer wieder alles gibt, wird ein hochsensibler Mensch zunächst bereit für Vision und Kreativität. Auf diese Weise öffnet er sich der Liebe und der Inspiration, die durch ihn hindurchfließen wollen. Wenn er sich seiner Wissenschaft, seiner Kunst oder seiner Hilfsbereitschaft immer wieder uneingeschränkt hingibt, wird er zum Wegbereiter, Visionär und Meister. Obwohl es transzendente Durchbrüche und sogar Wunder geben mag, erreicht er diese schöpferisch-erfinderische Ebene erst, nachdem er sein Handwerk viele tausend Stunden lang ausgeübt hat. Es gibt einen Punkt, an dem die vielen tausend Stunden der Forschung und der Praxis schließlich Früchte tragen. Er erreicht ein so hohes Maß an Selbstvertrauen, dass er sich einfach zeigen kann, weil er weiß, dass das Licht der Inspiration mit ihm ist. Wenn er sein Bewusstsein in den Dienst des Himmels gestellt hat, weiß er, dass er der Führung folgen kann und dass alles gut wird. Wenn er sich auf immer höheren Ebenen partnerschaftlich mit dem Himmel verbunden hat, weiß er, dass er eine Brücke zwischen Himmel und Erde sein kann.

Ein hochsensibler Mensch muss sich irgendwann des Bewusstseinsanteils gewahr werden, der Trennung will. Des Anteils, der sein eigenes Maß an Negativität, Widerstand und passiver Aggression in sich trägt. Des Anteils, der in einem Autoritätskonflikt gefangen ist, wie er ihn niemals erwartet hätte. Und als wäre das alles nicht genug, muss er sich auch der verborgenen Bewusstseinsanteile gewahr werden, die noch immer bedürftig sind und Dinge von der Welt bekommen wollen. All das liegt tief im Unbewussten vergraben. Es führt zum Kampf mit Gott beziehungsweise macht ihn sichtbar. Es ist der Kampf, der alle Menschen in der Trennung festhält.

Irgendwann muss ein hochsensibler Mensch eine klare Entscheidung treffen – und je früher, desto besser: Will er partnerschaftlich mit dem Himmel verbunden sein? Oder mit dem Ego? Wenn er sich für den Himmel entscheidet, wird er zu einer Kraft des Wandels und zu einem Kanal der Gnade. Er wird zu einem Diener der Erde, der als Zeitsparender und Mystiker wirken kann. Wenn er sich für eine Partnerschaft mit dem Ego entscheidet, wird er dagegen zum Narzissten, zu jemandem, der nur auf den eigenen Konsum und auf sich selbst, aber nicht auf die Welt bedacht ist.

Wir alle tragen ausgeprägte Egomuster in uns, die in der Kindheit begonnen haben. Sie umgeben uns wie Hüllen, die unsere Identität bilden und Schuld, Angst, Schmerz, Widerstand und Unzulänglichkeit in uns einschließen. Alle diese Dinge müssen aus dem Weg geräumt werden und wir müssen unser eigenes Wollen zugunsten der Macht und Wahrheit des HIMMELS aufgeben, wenn wir SEINE Führung empfangen wollen. Nur die GÖTTLICHE PRÄSENZ nährt die ausgesuchten Gaben, die hochsensible Menschen mitgebracht haben, um der Welt zu helfen, erweckt sie im Geben und lässt sie aufblühen. Der Entwicklungsprozess mancher Menschen wird auf dieser Ebene beschleunigt, wenn sie ihr Bewusstsein dem HEILIGEN GEIST oder dem Tao übergeben, ehe sie abends zu Bett gehen und wenn sie morgens aufwachen. Sie können ihr Ego und ihren Körper auch CHRISTUS, Buddha oder Kuan Yin übergeben, damit sie nicht von dem abgelenkt werden, was geringe Bedeutung hat, wenn sie sich zum Ziel setzen, ihre Lebensaufgabe zu erfüllen und ihre Bestimmung anzunehmen. Es ist auch tagsüber ausgesprochen hilfreich, Geist, Körper und Ego in die Obhut CHRISTI oder eines anderen FREUNDES AN HÖHERER STELLE zu geben, wenn wir uns in irgendeiner Form selbst angreifen oder versucht sind, über einen anderen Menschen zu urteilen. Viele Attraktionen der Welt fallen fort, wenn hochsensible Menschen sich immer mehr auf das konzentrieren, was sie in diesem Leben geben wollten. Es ist ihre Lebensaufgabe, aber auch ihre Freude und Erfüllung. Durch ihre Großmut wird es rasch zu einem Teil dessen, der sie sind. Sie lassen die Identität los, die sie selbst geschaffen haben, und finden stattdessen Trost in ihrem *Sein.* Es ist ein gewaltiger Schritt hin zur Erkenntnis ihrer selbst als reiner Geist und zu dem Wissen, dass sie nicht das sind, was ihr Ego aus ihnen gemacht hat. Ebenso wenig sind sie ihr Körper, auch wenn das Ego sie mit großem Schmerz oder großem Vergnügen davon überzeugen will. Das höchste Vergnügen bringt jedoch die Freude, die damit verbunden ist, dass wir geben und vor allem auf eine Weise geben, in der nur wir geben können.

Wenn das Ego dünnhäutiger wird, tritt die Bosheit, auf der es beruht, offen zutage. Wenn wir uns selbst leicht nehmen und wissen, dass es sich nur um das nächste Thema handelt, das der Heilung bedarf, bleiben wir nicht im Selbstangriff des Egos und in dem Schmerz stecken, den es durch Trennung angesammelt hat. Wenn diese tiefsitzenden dunklen Glaubenssätze geheilt werden, dann blühen die Gaben, die darunter verborgen liegen, ganz von selbst auf. Der HIMMEL möchte sich mit uns, vor allem aber mit hochsensiblen Menschen hervortun. Wenn hochsensible Menschen das Wunder erkennen, das sie sind, dann begreifen sie, dass sie ein Wunderwirkender sind, der gekommen ist, um die Erde zu transformieren.

21
Der Wunsch nach Heilung

Der Wunsch nach Heilung ist der Aspekt, der für einen hochsensiblen Menschen besonders hilfreich sein kann. Das gilt vor allem, wenn er sich dem Ziel verschrieben hat, seine Gaben zu teilen, seine Lebensaufgabe zu erfüllen und seine Bestimmung anzunehmen, um seine Entwicklung zu fördern und der Welt zu helfen. Es ist eine Rückkehr zur Freude und eine Verleugnung des selbstgeschaffenen Elends. Es ist die Gabe, die sein Selbst seinem SELBST macht. Heilung bringt ihn auf dem Weg zur Erfüllung dessen voran, wozu er gekommen ist. Wenn er seine Gaben seinem SELBST gibt, dann werden sie überhöht und ihm zurückgegeben. Angesichts der zahllosen Hindernisse und Versuchungen, die hochsensible Menschen überwinden müssen, lernen nur wenige tatsächlich, wer sie in diesem Leben sein wollten – und es zu sein. Je mehr du deinem SELBST gibst, indem du der Welt hilfst, deine Gaben entwickelst und mithilfe der verwirklichten Gaben, die deinem *Sein* entspringen, eine Atmosphäre der Feinsinnigkeit schaffst, umso mehr wächst deine Freude.

Heilung bedeutet, Ganzheit zu erlangen, und sie mehrt deine Heiligkeit und den Frieden, der notwendig ist, damit das Glück und die Liebe entstehen und geteilt werden können. Je größer die Ganzheit ist, umso größer sind auch Vertrauen und Selbstvertrauen. Wenn du Vertrauen und

Selbstvertrauen hast, kann kein Problem dich aufhalten. Was wie eine hohe Hürde erscheint, wird von einer Herausforderung zu einem kleinen Hemmschuh.

Jesus sagte in der Bibel: „Viele sind gerufen, aber nur wenige auserwählt." In *Ein Kurs in Wundern* berichtigt CHRISTUS diese Aussage, indem er diese Worte den Aposteln zuschreibt, die nach Besonderheit streben. Anschließend sagt er: „Alle sind berufen, aber wenige wählen es, zu hören." Dieser Satz lässt sich leicht auf uns alle, besonders aber auf hochsensible Menschen anwenden. Wenige gelangen durch die Einflüsterungen und Ablenkungen der Welt hindurch, um sich rückhaltlos ihrer Lebensaufgabe und ihrer Bestimmung hinzugeben.

Heilung bringt Wahrheit und erneuert Liebe und Freude dort, wo Illusionen und Groll geherrscht haben. Heilung ist die Aufhebung jeder Form von Illusion und Schmerz im Austausch gegen Verstehen und Verbundenheit. Verstehen setzt Angst und Gefühlen der Unzulänglichkeit ein Ende. Es stellt die Verbindung und Unschuld aller Menschen wieder her. Wenn Heilung geschieht, werden alle Menschen ermächtigt – auch du. Da der Geist aller Menschen verbunden ist, trägt die Heilung eines Menschen zur Heilung aller Menschen bei.

Ein zentraler Faktor der Heilung besteht darin, das eigene Leben anzuschauen und zu erkennen, dass jedes Ereignis, bei dem dich jemand scheinbar verletzt oder dir etwas entzogen hat, in Wirklichkeit ein Hilferuf des betreffenden Menschen war. Das heißt, dass das unerledigte Geschäft einer alten Verletzung oder Trennung nun in Ganzheit zurückgeführt werden kann, wenn du auf den Hilferuf antwortest. Damit hilfst du nicht nur dir, sondern allen Menschen, die an der Situation beteiligt waren. Heilung bedeutet, die

Anteile deines Bewusstseins wiederzufinden, die du durch den Groll verloren hast, der von Trennung herrührt. Jeder Akt der Trennung hat Muster der Aufopferung, des Opfers und der Dissoziation entstehen lassen. Mit der Erkenntnis, dass andere Menschen dich um Hilfe gebeten haben, auf den erfolglosen und schmerzhaften Weg zurückzuschauen, motiviert dich dazu, an deiner Heilung zu arbeiten.

Das Unterbewusstsein kennt die Gaben, die du die ganze Zeit über in dir getragen hast. Sobald du das begreifst, kannst du die Situation transformieren und allen daran beteiligten Menschen helfen. In *Ein Kurs in Wundern* heißt es, dass wir Heilung erlangen, während wir lernen, Heilung zu erlangen. Wenn ein Mensch sich dem Weg der Heilung verpflichtet, so kann dies in seinem Leben und in seinem natürlichen Entwicklungsprozess hin zu Erfolg, Macht und Liebe eine tiefgreifende Veränderung bewirken. Das Unbewusste birgt Ahneneinflüsse und Einflüsse aus vergangenen Leben, die es zu heilen gilt. Es ist somit die Pforte zur Heilung des kollektiven Unbewussten und der astralen Sphäre, bei der es sich um das uralte Ego aus der Zeit handelt, als wir noch keine Körper hatten. Das uralte Ego will dafür sorgen, dass die Dinge so bleiben, wie sie sind.

Wo es uns an Ganzheit mangelt, dort tragen wir Angst und Schuld in uns. Das Unbewusste steuert das Unterbewusstsein und die bewusste Ebene unserer Wahrnehmung. Wir sind aufgefordert, es jetzt in Ordnung zu bringen und unser SELBST wiederzufinden. Das können wir erreichen, indem wir um die Hilfe des HIMMELS bitten und uns dem Weg der Heilung verpflichten. Alles, was keine Liebe ist, ist eine Bitte um Liebe und Heilung. Wir wollen darauf antworten in dem Wissen, dass der HIMMEL an unserer Seite ist, um Heilung zu bewirken, und uns dann in den Dienst anderer

Menschen stellen, um sie ebenfalls in ihrer Transformation zu unterstützen.

Verantwortung ist ein weiterer grundlegender Aspekt. Sie trägt dazu bei, das Unterbewusstsein und die Muster, die seit unserer Empfängnis entstanden sind, auf die Ebene unseres bewussten Denkens zu heben, damit sie geheilt werden können. Die unermessliche Größe des Unbewussten oder Seelenbewusstseins kann ebenfalls einen maßgeblichen Einfluss auf das Unterbewusstsein haben, der zu Problemen und schmerzhaften Situationen in unserem bewussten Leben führt. Was im Unterbewusstsein und Unbewussten verschüttet liegt, ans Licht zu bringen, ist in diesen Situationen schon die halbe Heilung. Das Unterbewusstsein und das Unbewusste sind weit größer als die bewusste Ebene, und wenn wir nicht die Verantwortung für das übernehmen, was in unserem Leben und im Leben der Menschen in unserem Umfeld geschehen ist, werden wir kontinuierlich von den Mustern gesteuert, die in uns verschüttet liegen. Unschuld und Ganzheit gehen Hand in Hand. Wenn wir glauben, dass jemand anderer die Schuld an etwas trägt, beschuldigen und bestrafen wir uns selbst in gleichem Maße. Verantwortung ist ein grundlegender Aspekt unseres Selbstvertrauens und unserer Macht, denn sie führt zu unserer eigenen Unschuld und zur Unschuld aller Menschen. Wir alle tun das Beste, dessen wir fähig sind, und dennoch sind wir alle zu Besserem fähig.

22
Boshaftigkeit

Boshaftigkeit ist eine Form von: „Erwischt!" Sie erklärt: „Haha! Da hast du es!" Sie kann sich hämisch freuen: „Ich habe dir ein Schnippchen geschlagen. Ich bin dir überlegen!" Boshaftigkeit birgt sowohl Konkurrenz als auch Mutwillen in sich. Sie reibt jemand anderem deinen Sieg unter die Nase. Sie ist eine Form von Schadenfreude. Boshaftigkeit ist eine hässliche Falle, in die hochsensible Menschen tappen können. Sie wird vom Ego angetrieben und ist manchmal mit dem astralen Ego verbunden. Unser astrales Ego glaubt zu wissen, was das Beste für dich ist, tut in Wirklichkeit aber, was das Beste für *es* ist. Wenn du in Boshaftigkeit gefangen bist und nicht über ein hohes Maß an Bewusstheit verfügst, leugnest du sie für gewöhnlich, weil sie ein unreifes Verhalten und eine Form des Schwelgens ist. Schwelgen erzeugt einen Teufelskreis aus Aufopferung und Schwelgen, der neue Ebenen des Erfolges, der Nähe und der Wahrheit blockiert.

Wir sind meist blind für unser Verhalten und glauben, dass unser Handeln gerechtfertigt ist. Boshaftigkeit ist jedoch eine Form von Angriff, und wenn du an Angriff glaubst, dann glaubst du, dass du die Liebe zerstören kannst. Boshaftigkeit nährt Konkurrenz, die der Fluch aller Beziehungen ist. Sie ist die Ursache von Auseinandersetzungen, führt eine Strichliste darüber, wie viele Punkte ein Partner gegen den anderen erzielt, und hat Rückzug zur Folge, um nicht zu verlieren. Rückzug hat Erfahrungen der Leblosigkeit im Gepäck. Sie raubt uns unsere Großzügigkeit und unsere Freude und verhindert, dass wir empfangen können, weil wir nach Rollen leben, die von Konkurrenz geprägt sind und Geben lediglich nachahmen.

Boshaftigkeit ist das Gegenteil von Freude. Sie sorgt dafür, dass wir uns vor Angriff fürchten, weil wir auf einer bestimmten Ebene erkennen, dass wir das ernten, was wir säen. Was wir anderen Menschen antun, das tun wir im gleichen Maße auch uns selbst an oder haben es bereits getan. Boshaftigkeit bedeutet, dass wir in einem bestimmten Alter emotional erstarrt sind und dieses leidende Kind nach wie vor in uns tragen. Passive Aggression ist blind für sich selbst, erntet im Gegenzug aber dennoch ein hohes Maß an Negativität. Es ist an der Zeit, uns dieses Muster, das unsere verborgene passive Aggression zum Ausdruck bringt, bewusst zu machen und zu heilen. Es ist an der Zeit, die volle Verantwortung für unser Verhalten zu übernehmen und es in die Hände des HIMMELS zu legen, damit er das hässliche Muster heilen kann.

23
Freiwillige Entmutigung

Freiwillige Entmutigung findet statt, wenn wir kein Vertrauen haben und infolgedessen in Angst investieren. Wir haben stets die Wahl, ob wir in Angst oder Vertrauen investieren wollen. Das Ergebnis zeigt stets, in was wir investiert haben. Hochsensible Menschen sind oft in Selbstentmutigung gefangen. Sie fühlen sich niedergedrückt, sind zynisch oder bitter und erfüllt von dem Verlangen nach Besonderheit und dunklem Glanz. Alle diese Dinge sind Anzeichen von Selbstentmutigung. Wir wollen Aufmerksamkeit. Wir wollen, dass unsere Bedürfnisse erfüllt werden. Wir wollen, dass jemand uns rettet. Wir wollen, dass jemand unsere Mutter oder unser Vater ist und die Bedürfnisse erfüllt, die in unserer Kindheit nicht erfüllt wurden. Wir wollen frei sein. Als Folge unserer Trennung versuchen wir jetzt also, unsere Bedürfnisse erfüllt zu bekommen, haben aber ein gespaltenes Bewusstsein, das gleichzeitig mit dem Bedürfnis entstanden ist. Jetzt wollen wir, dass unser Bedürfnis erfüllt wird, aber unser Verlangen nach Unabhängigkeit ist größer. Wir versuchen, so viel wie möglich zu bekommen, indem wir nehmen, weigern uns aber, uns neu zu verbinden. Wenn wir zuließen, dass das Bedürfnis erfüllt wird oder wir uneingeschränkt empfangen, würden wir uns wieder verbinden, fürchten uns aber davor, unsere dissoziierten Selbstkonzepte zu verlieren.

Wenn wir dem Ego erlauben, unsere Freude zu sabotieren, raubt es uns unser Glück und wir sehen nicht, dass wir eine Wahl gehabt hätten. Wir glauben, dass wir uns „rein zufällig" schlecht fühlen. Wenn wir uns schlecht fühlen, können wir uns die Frage stellen: „Wer braucht meine Hilfe?" Anschließend können wir durch unser schlechtes Gefühl hindurch Liebe in den Menschen einströmen lassen, der uns in den Sinn kommt. Intensive Selbstabsorption ist ein Garant für schlechte Gefühle, aber dieser Prozess lenkt die Aufmerksamkeit von uns fort. So können wir anderen Menschen helfen und selbst wieder in einen Fluss kommen.

Wir können helfen, bis wir wieder von Freude erfüllt sind. Wenn wir die Aufmerksamkeit nur auf uns richten, sind Befangenheit, Selbstangriff und schlechte Gefühle vorprogrammiert. Stattdessen können wir den HIMMEL bitten, unseren Geist in seine Obhut zu nehmen. Es gib keinen Grund, uns selbst zu entmutigen, wenn wir glücklich sein können.

Wir wollten andere Menschen dazu bringen, uns zu retten, obwohl *wir* in die Welt gekommen sind, um andere Menschen zu retten. Wenn wir als hochsensible Menschen unsere Lebensaufgabe und unsere Bestimmung annehmen, werden wir zu einer Brücke zwischen HIMMEL und Erde. Wir sind hier, um eine von Kuan Yins HÄNDEN DER BARMHERZIGKEIT zu sein und durch die Augen der LIEBE CHRISTI zu schauen. Alle Aufmerksamkeit, die wir uns jemals wünschen könnten, kommt daher, dass wir unsere Lebensaufgabe und unsere Bestimmung erfüllen. Wir können nicht nur unseren Geist in die Obhut des HIMMELS, sondern auch unser Ego und unseren Körper in die Obhut CHRISTI geben, damit wir nicht von ihnen abgelenkt werden.

24
Säureangriff

Es gibt Zeiten in unserem Leben, in denen sich der Angriff auf uns wie Säure auf unserer Haut anfühlt. Das kann beispielsweise bei sexuellem Missbrauch der Fall sein. Es kann auch der Fall sein, wenn wir ein schwerwiegendes Trauma erleiden oder einem wiederkehrenden Trauma beispielsweise in Form elterlicher Angriffe oder Kämpfe ausgesetzt sind. Ein Säureangriff ist die Folge einer toxischen Situation. Das Trauma ist schlimm genug, aber das Gefühl, die Säure einer astralen Verbrennung auf unserer Haut zu spüren, ist extrem schmerzhaft. Hochsensibilität verschärft den brennenden Schmerz, den wir oft verdrängt haben, um ihn zu unterbinden. Das bringt uns zwar eine gewisse Erleichterung, bedeutet aber auch, dass wir dann nicht wissen, wo wir ihn finden können oder was überhaupt der Heilung bedarf. Das astrale oder uralte Ego will die bestehende Situation aufrechterhalten. Das uralte Ego nimmt manchmal die Gestalt von Dämonen, Teufeln oder dunklen Göttern an, die allesamt ihre Macht und ihre Stellung bewahren wollen. Sie wollen, dass die Dinge unverändert bleiben. Meist sind sie nicht körperlich, sondern nur in Form einer dunklen Energie und eines dunklen Einflusses präsent, nähren sich aber dennoch ständig von unserem Schmerz und unserem Elend.

Die astrale Sphäre weiß, wann ein hochsensibler Mensch beginnt, sein Licht leuchten zu lassen. Sie kennt seine

Schwachstellen. Sie kennt seine Götzen, seine Anhaftungen und seine Ängste. Sie benutzt seine zerschlagenen Träume, um Schmerz und Traumen zu erzeugen. Wenn ein hochsensibler Mensch in diesen Situationen nicht vortritt und sich der Gnade bedient, um Schutz und Sicherheit zu finden und die dunkle Situation zu heilen, kann er das schlimmste Trauma seines Lebens erleiden. Die astrale Sphäre will hochsensible Menschen dazu bringen, Türen vor sich selbst, vor ihrem Leben und wichtigen Bereichen zu verschließen, die für ihr Glück unerlässlich sind. Dazu gehören ihre Familie, ihre Beziehungen, ihre Lebensaufgabe und ihre Bestimmung. Die astrale Sphäre kann dafür sorgen, dass hochsensible Menschen sich von diesen wichtigen Bereichen und von sich selbst zurückziehen. Sie kann hochsensible Menschen dazu bringen, einen bestimmten Prozentsatz ihrer selbst zu verlieren oder wegzuwerfen und Drähte in ihrem Herzen, ihrem Geist und ihrem Körper zu durchtrennen, um sie zu lähmen.

Frage dich intuitiv, ob du jemals einen Säureangriff erlebt hast. Wenn ja, wie oft? Wer war daran beteiligt? Die astrale Sphäre hat denjenigen, der dich angegriffen hat, benutzt, um dich aufzuhalten. Sehr oft war der Angreifer sich nur seines eigenen Schmerzes bewusst, nicht aber der Wirkung, die der durch ihn erfolgte astrale Angriff auf andere Menschen hatte.

Die Säureangriffe haben zu einer Zeit stattgefunden, in der du den Weg des Egos eingeschlagen hattest. Das ist die Botschaft, die jede Form von Schmerz dir vermittelt. Was wolltest du bekommen, indem du den Weg des Egos gehst? Wie dick war die Hülle, mit der du dich umgeben hast, und wie viele Tonnen an Schuld hast du auf dich geladen? Wie hat dein Leben sich als Folge davon entwickelt, dass du den

Weg des Egos gegangen bist? Wozu hast du ihn benutzt? Das kannst du jetzt ändern, denn der HIMMEL hat dir nicht nur damals SEINEN Weg angeboten, sondern tut es immer noch. ER hat dir eine GÖTTLICHE Gabe als Belohnung dafür angeboten, dass du SEINEN Weg gehst. Du hattest auch eine Seelengabe mitgebracht, um den Weg des HIMMELS einzuschlagen und dich und andere an der Situation beteiligte Menschen zu retten. Sie sollte dir die Möglichkeit geben, die Kleinheit, die Arroganz und den Größenwahn des Egos und seines Weges loszulassen. Der Weg des HIMMELS birgt deine Größe in sich und heißt das willkommen, was der HIMMEL nun mit dir teilen möchte.

Kehre in die Zeit zurück, in der du dich für das Ego entschieden hast. Du sitzt dort nicht fest. Du kannst an dieser Wegkreuzung eine neue Entscheidung treffen. Willst du den Weg des Egos oder den Weg des HIMMELS gehen? Was willst du? Wenn du dich jetzt für den Weg des HIMMELS entscheidest, frage dich intuitiv, worin deine Gabe und die Gabe des HIMMELS für dich bestehen. Nimm die angebotenen Gaben an und teile sie mit den Menschen, die an der Situation beteiligt waren. Gehe dann den Weg des HIMMELS und teile diese Gaben mit allen Menschen und Dingen, denen du begegnest, bis du in der Gegenwart ankommst. Schaue nun auf dein Leben zurück, nachdem du den Weg des HIMMELS gegangen bist. Wie stellt es sich für dich dar und wie fühlt es sich an? Sende dieses Wissen und dieses Selbstvertrauen durch deine zahlreichen Leben zurück, bis du an dem Ort ankommst, an dem du diese Gaben verloren hattest. Vereinige dich wieder mit ihnen, sodass eine ununterbrochene, starke Linie der Erlösung entsteht, die sich durch alle Leben zieht. Das gibt dir ein neues Maß an Erfolg und Nähe mit deinem Partner und deiner Familie und bringt dich deiner Lebensaufgabe, deiner Bestimmung und der Rückkehr aller zum EINSSEIN einen Schritt näher. Du hast das wiederhergestellt, was du in diesem Leben wiederherstellen wolltest.

Du kannst auch zu dem Säureangriff zurückkehren und CHRISTUS, einige Erzengel und tausend Engel bitten, dich von allen Überresten dieses astralen Angriffs zu befreien. Bitte sie dann, auch den Menschen zu befreien, der dich angegriffen hat. Lasse Licht, Liebe und Schutz durch die Öffnungen in ihn einströmen, durch die der Säureangriff erfolgt ist, bis sie den Geist erreichen, der das uralte Ego verkörpert. Du kannst diese Methode auch bei dir selbst anwenden, wenn du das Gefühl hast, Überreste von Dunkelheit in dir zu tragen. Dadurch, dass du Licht in die Dunkelheit bringst, kannst du einen Teil des uralten Egos auflösen.

Wenn die astrale Sphäre angreift, macht sie sich verletzlich. Auf einer bestimmten Ebene wollen Dämonen, Teufel und dunkle Götter erlöst werden, und das macht es leicht, sie zu retten. Sie haben in dem Maße gelitten, in dem sie selbst Leid gebracht haben. Manchmal ist ihr Angriff ein Hilferuf, der auch um Hilfe für denjenigen bittet, durch den der Angriff erfolgt. Wenn du begreifst, dass sogar das ein Hilferuf ist, dann denke daran, dass das GÖTTLICHE Eingreifen nur einer Bitte bedarf. Denke daran, dass GOTT immer mit dir geht.

Du kannst auch mit dieser Situation umgehen, indem du erkennst, dass sie, wenn GOTT sie nicht geschaffen hat, in Wirklichkeit nicht existiert. Was geschehen ist, rührt von unseren krankhaften Illusionen her, die von unseren krankhaften Selbstkonzepten herrühren. Da GOTT die astralen Säureangriffe nicht geschaffen hat, existieren sie in Wirklichkeit nicht. Wir haben sie zu einem bestimmten Zweck benutzt, um unser Handeln zu rechtfertigen. Wir wollten etwas bekommen, wovon wir dachten, es würde uns glücklich machen, was aber niemals der Fall war. Wenn GOTT diese Situationen nicht geschaffen hat, können wir sie also als die Illusionen loslassen, die sie sind. Einzig unser eigenes uraltes Karma konnte uns für eine solche Erfahrung empfänglich machen, aber diese Fehlschöpfung war ebenfalls eine Illusion, um uns zurückzuhalten. Wir können die Verantwortung für das übernehmen, was uns in diesem und in anderen Leben widerfahren ist, und den HEILIGEN GEIST darum bitten, es vollständig auszulöschen und durch Heilung zu ersetzen.

25
Wie Kontrolle dich betrügt

Kontrolle ist ein Abwehrmechanismus des Egos, den es benutzt, um mit Angst umzugehen. Sie ist direkt auf alte Herzensbrüche zurückzuführen, die nicht geheilt wurden. Kontrolle soll unser gespaltenes Bewusstsein wieder zusammenflicken und mit dem Widerstand anderer Menschen gegen unser Handeln umgehen – obschon wir auch ihnen den Schmerz ersparen würden, wenn sie unserer bewährten Lösung nur folgen wollten. Menschen, die kontrollieren, haben fast immer gute Absichten. Sie beschützen ihre alten verletzten Gefühle und wollen auch die verletzten Gefühle der anderen Menschen beschützen. Sie glauben, dass alles gut wird, solange jeder das tut, was sie wollen. Das ist der Punkt, an dem sie in Schwierigkeiten geraten. Kontrolle führt genau das herbei, wovor sie schützen soll, denn des einen Freud ist bekanntlich des anderen Leid. Kontrolle führt zu einem Machtkampf. Und auch wenn wir es nicht zugeben, besteht eine Kerndynamik jedes Herzensbruchs darin, dass ein Machtkampf stattfindet, bei dem es um die Erfüllung von Bedürfnissen und darum geht, was passiert, wenn diese Bedürfnisse nicht erfüllt werden.

Kontrolle kompensiert den Machtkampf, aber eine Kompensation deckt Dinge nur zu, ohne ihre Auswirkungen zu unterbinden. Sie verhindert lediglich, dass wir uns dessen bewusst sind, was wir tun. Das hat zur Folge, dass wir nicht die Verantwortung für das übernehmen können, was der Heilung bedarf. Ebenso wenig heilen wir die Kontrolle, die genau die Dinge verdrängt, die den Machtkampf heilen, nämlich Frieden, Vertrauen, Selbstvertrauen und Integration. Als kontrollierender Mensch können wir nicht verstehen, warum andere Menschen nicht unseren Weg gehen, der unserer Meinung nach natürlich der beste Weg ist, um Schmerz zu verhindern. Kontrolle führt zu Verbitterung und zum Autoritätskonflikt, wenn wir das Gefühl haben, dass jemand sich uns gegenüber verhält, als sei er unser Chef – unabhängig davon, ob wir mit diesem Chef einverstanden waren oder nicht.

Unser gespaltenes Bewusstsein erzeugt Widerstand. Dieser Widerstand entsteht immer dann, wenn wir uns trennen, und ist das, was unsere Probleme, Missgeschicke und Traumen erzeugt. Mit jedem Akt der Trennung haben wir unsere Verbundenheit aufgegeben, und Schmerz war der Preis, den wir gezahlt haben, um unser Ego aufbauen und vor unserer Lebensaufgabe davonlaufen zu können. Bei jedem Akt der Trennung haben wir uns mit einer Hülle umgeben, unseren Willen durch Schuld zum Gefangenen gemacht, in Kleinheit investiert und unser Selbst zu etwas geformt, das wir nicht waren. Außerdem haben wir ein gespaltenes Bewusstsein erzeugt. Alle Traumen unserer Kindheit spiegeln die Muster unserer Seele und die zahllosen Male wider, die wir im Laufe der Zeit gefallen sind. Die Zeit ist jedoch dazu da, Heilung zu erlangen und ihr schließlich in die Ewigkeit zu entrinnen. Hochsensible Menschen sind dazu bestimmt, den Weg in der Zeitersparnis zu weisen und die Pforten der Transzendenz zu finden.

Kontrolle und Ungeduld gehen Hand in Hand. Das Gegenteil von Kontrolle und Ungeduld ist Vertrauen. Glaube und

Vertrauen heilen die Angst, die beiden zugrunde liegt. Vertrauen bringt uns zum Hier und Jetzt zurück. Ohne Vertrauen können wir nicht zur Partnerschaft oder wechselseitigen Abhängigkeit gelangen, weil wir unseren eigenen Weg gehen wollen und deshalb nie als Führungspersönlichkeit auftreten, die den wahren Weg finden will. Kontrolle erlaubt kein Risiko und ohne Risiko gibt es keinen Gewinn, weil keine Vorwärtsbewegung stattfindet. Wir kontrollieren uns selbst ebenso sehr wie andere Menschen, und die darunterliegende Angst erlaubt keine Kühnheit. Deshalb glauben wir die Antworten zu kennen, obwohl das Leben und die Menschen in unserer Umgebung uns eine andere Rückmeldung geben. Kontrolle betrügt uns, weil wir in Angst und Schuld gefangen sind und uns selbst und andere Menschen in Rollen und alte Formen pressen, die weder Nähe noch Kreativität oder den Erfolg zulassen, der mit Offenheit und Teilen möglich ist.

Kontrolle ist eine Kompensation und wie jede Kompensation lässt sie nicht zu, dass wir empfangen, weil sie nur ein Abwehrmechanismus ist, der alten Schmerz verbirgt. Abwehrmechanismen und Schmerz verbergen die Fähigkeit zu empfangen. Kontrolle gleicht der Schale einer gewaltigen Muschel. Sie erscheint eigenständig und perfekt, aber genau das ist nicht der Fall. Damit hochsensible Menschen erfolgreich sein können, müssen sie sensibel bleiben und dürfen nicht zur Riesenmuschel oder gar zum Panzer werden, der andere Menschen überrollt.

Das Maß unserer Kontrolle und Unabhängigkeit entspricht dem Maß, in dem wir uns weigern, beherrscht zu werden, während wir gleichzeitig von anderen Menschen verlangen, unseren Weg zu gehen. Wir verhalten uns wie der Dienstherr, der andere zu Dienern macht, oder werden sogar zum

Tyrannen und machen andere Menschen zu Sklaven. Wenn das geschieht, handelt ein hochsensibler Mensch gegen sein wahres einfühlendes Wesen. Wenn er nicht an seiner Heilung arbeitet, ist er verloren und versucht, sich durch Abwehrmechanismen zu schützen. Er erlangt weder die Geisteskraft, die Vertrauen mit sich bringt, noch das Mitgefühl für sich und andere, das er braucht, um sein volles Potenzial zu entfalten. Heilung bewirkt, dass das Selbstvertrauen, das Kühnheit erfordert, hochsensiblen Menschen den Erfolg bringt und ihnen die Möglichkeit gibt, neue Potenziale zu erschließen.

26
Der alltägliche Trott

Wenn hochsensible Menschen nicht gerade als Wissenschaftler arbeiten, hassen sie nichts so sehr wie den alltäglichen Trott. Sie finden Möglichkeiten, andere Dinge zu tun, auch wenn es auf Kosten ihrer Verpflichtungen geht. Sie hassen Langeweile und finden Möglichkeiten der Selbstunterhaltung, die sogar so weit gehen können, dass sie schwelgen. Schwelgen lässt sie in den Teufelskreis aus Schwelgen und Aufopferung geraten, der das Problem weiter vergrößert. Um sich zu unterhalten, trennen hochsensible Menschen auf Kosten ihres Gleichgewichts manchmal die Verbindung zu den unteren oder oberen Chakras ab. Das Ego schlägt sogar Aktivitäten vor, die an und für sich wahr sind, benutzt sie aber als Kompensation und Abwehrmechanismus, um den Aspekt des alltäglichen Trotts zu verbergen, der für gewöhnlich an Rollen und Aufopferung gebunden ist Das bedeutet, dass jeder Erfolg, der normalerweise der Aktivität zugutegekommen wäre, nun vom Ego unterminiert wird und nicht die natürliche Belohnung einbringt, die daher rührt, dass wir geben.

Stelle dir die folgenden Fragen:

Wie sehr hasst du den alltäglichen Trott und hast das Bedürfnis nach Zerstreuung und Abenteuer?

Wie gehst du mit dem alltäglichen Trott um?

Vermeidung?

Schwelgen?

Abenteuer?

Ablenkung?

Wahre Aktivitäten, die du auf eine unwahre Weise in die Tat umsetzt?

Trennung der Verbindung nach oben oder unten?

Der alltägliche Trott ist eine Form der toten Zone und es gibt zwei Möglichkeiten, damit umzugehen. Eine Möglichkeit besteht darin, an den Ort zurückzukehren, an dem er entstanden ist, um seine Wurzeln zu heilen, oder Schritte zu gehen, die tiefer in die spirituelle Sphäre und damit unweigerlich auch tiefer in die Sphäre von Liebe und Glück hineinführen. Die andere Möglichkeit besteht darin, sich dem nächsten Schritt, dem nächsten Stadium und der nächsten Ebene zu verpflichten. Das ist immer ein Abenteuer.

27
Natürlichkeit

Hochsensible Menschen können eine starke Verbundenheit zu Tieren und zur Natur empfinden. Ebenso gut können ihre Verinnerlichung und der Wunsch, nach innen zu gehen, aber auch so groß sein, dass ein Aufenthalt in der Natur keine große Anziehungskraft auf sie ausübt. Obwohl das Körperbewusstsein für gewöhnlich von den Eltern an die Kinder weitergegeben wird, ist es bei hochsensiblen Menschen meist weniger stark ausgeprägt. Selbstbefangenheit rührt vom Ego her. Sie soll dafür sorgen, dass wir unser Augenmerk auf uns selbst gerichtet halten, statt zu anderen Menschen hinauszureichen. Die Trennung des Egos schreitet von der Selbstbefangenheit zu Verlegenheit, Scham, Selbstangriff, Selbstfolter, Demütigung und Selbstkasteiung voran. Alle diese Dinge sind Egofallen, die bewirken sollen, dass wir selbstzentriert bleiben, statt auf die Verbindung bedacht zu sein, die Erfolg, Nähe und Vergnügen bringt. Das Ego benutzt Selbstbefangenheit und Körperscham, um dafür zu sorgen, dass wir kleingeistig und klein bleiben und in so hohem Maße in uns selbst gefangen sind, dass wir die Hilferufe der Menschen in unserer Umgebung nicht hören. Das gilt vor allen Dingen für das, was es als unsere Fehler oder als unseren Mangel an Bescheidenheit ansieht.

Natürlichkeit sorgt dafür, dass wir in einem natürlichen Fluss bleiben. Wir regen uns weder über Kleiderpannen noch über Nacktheit auf. Der Körper ist ganz einfach nichts Besonderes. Natürlichkeit geht mit einer Unschuld einher, die wir uns ein ganzes Leben lang erhalten können. Wenn hochsensible Menschen ihre Natürlichkeit und Unschuld bewahren, haben sie keine Angst davor, dass sie und ihr Partner älter werden, und sie benutzen ihren Körper nicht, um den eigenen Stolz zu befriedigen. Das hat zur Folge, dass ihr Körper schöner und gesünder bleibt, weil er sich selbst überlassen ist und nicht in einen Götzen verwandelt wird. Die körperlichen Sinne wie Hören, Sehen oder Riechen können bei hochsensiblen Menschen dagegen extrem geschärft sein. Auf der höchsten Ebene findet eine Kopplung zweier Sinne statt, die sogenannte Synästhesie, die Menschen beispielsweise befähigt, Farben zu schmecken oder Musik kinästhetisch wahrzunehmen. Alle diese Dinge sind ein Zeichen dafür, dass das Bewusstsein des betreffenden Menschen auf die Ebene der Vision und der Meisterschaft gelangt ist.

28
Die Falle des Anrechts

Eine der hässlichen kleinen Fallen, in die ein hochsensibler Mensch tappen kann, ist die Überzeugung, besonders zu sein. Seine Gaben, seine Feinsinnigkeit und seine Bewusstseinsstufe bringen ihn zu der Überzeugung, dass er über anderen Menschen steht. In *Ein Kurs in Wundern* heißt es, dass Liebe teilt und Arroganz zurückbehält. Dieser Glaube kann das hohe Maß an Führungskompetenz sabotieren, das er der Welt durch die Heilung der kollektiven Sphäre zur Verfügung stellen wollte. Sein Ego kann ihn leicht dazu bringen, arrogant zu sein und zu glauben, dass er eine eigene Autorität besitzt. Es gibt kein Problem, das nicht auch den Autoritätskonflikt als Triebkraft in sich birgt. *Ein Kurs in Wundern* stellt fest, dass der Autoritätskonflikt die Wurzel allen Übels ist. Diese Geisteshaltung untergräbt, was ein hochsensibler Mensch in der Welt sein und was er tun wollte. Sein Ego sorgt dafür, dass er auf andere Menschen herabschaut, statt ihnen zu helfen und einen möglichst positiven Einfluss auf sie auszuüben. Auch wenn jeder, der sich auf einem bestimmten Gebiet hervortut, in diese Falle tappen kann, ist die Gefahr für hochsensible Menschen besonders groß. Diese Geisteshaltung bindet sie an die Zeit und an die Welt. Der Glaube an ihre eigene Besonderheit weckt ihr Verlangen nach Konsum und danach, nur nach weltlichen Zielen zu streben. Unsere Lebensaufgabe ist es, die besonders ist. Sie ist einzigartig, allein für uns bestimmt und wartet darauf, dass wir sie für die Welt erfüllen.

Die Welt ist der Ort, an dem wir die Lektionen lernen wollen, die wir bereits vor unserer Geburt festgelegt haben. Wir sind hier, um unser Bewusstsein zu erhöhen und glücklich zu sein. Wir sind hier, um auf dem Weg zum HIMMEL auf Erden und darüber hinaus Heilung zu erlangen und anstelle von Schmerz und Trennung ein höheres Maß an Ganzheit zu erreichen. Es ist an der Zeit, dass wir unsere Besonderheit aufgeben und uns stattdessen für die Wahrheit und die Freude entscheiden. Wenn wir nicht zu einer geistigen Perspektive aufsteigen, lassen entweder der Schmerz oder die Bedeutungslosigkeit der Welt nicht zu, dass wir über die Zeit hinaus zur Ewigkeit gelangen.

Wenn wir aus einem Anrechtsdenken heraus handeln, so als hätten wir den Konkurrenzkampf gegen andere Menschen gewonnen, dann entgeht uns das wahre geistige Anrecht, um das der HIMMEL weiß und demzufolge ER uns die Besitzurkunde für das Universum überreichen will. Wir brauchen sie lediglich anzunehmen und zu empfangen, indem wir die Ziele des Egos aufgeben und stattdessen Liebe und Teilen wertschätzen. Der HIMMEL will, dass wir unsere Unschuld, unsere Bestimmung und unsere geistigen Privilegien erkennen, die wir bislang missachtet haben. Sie beginnen mit Freude, Gesundheit, Fülle, Frieden und Liebe. Hochsensible Menschen finden ihre wahre Berufung, wenn sie ihr geistiges Erbe annehmen. Wenn sie an diesen Punkt gelangen, geben sie ihre eigene Wahl – die große Passion des Egos – auf und lassen stattdessen den HIMMEL wählen und alle Entscheidungen treffen. Der HIMMEL entscheidet stets zugunsten der Liebe und alle SEINE Entscheidungen sind auf ewig erfolgreich.

29
Positiv und Negativ

Es gibt einen Bereich, dessen sich hochsensible Menschen besonders bewusst sein sollten. Er hat mit der Polarität von Positiv und Negativ im Persönlichkeitsstil zu tun.

Es ist weder gut noch schlecht, einen positiven oder einen negativen Persönlichkeitsstil zu haben. Beide zeugen lediglich davon, wie wir an die Welt herangehen. Sie sind wie die Pole einer Batterie. Beide sind notwendig. Die positive Persönlichkeit nähert sich der Welt zuversichtlich und optimistisch gestimmt, während die negative Persönlichkeit die Dinge eher von der dunklen Seite oder zumindest realistischer betrachtet, um im Erfolgsfall angenehm überrascht zu sein. Wenn wir allein sind, neigen wir zu größerer Ausgeglichenheit, aber in einer Beziehung, in der Familie oder im Beruf tendieren wir mehr zu einer Seite, um ein Gleichgewicht herzustellen. Wir können grundsätzlich den Pol einnehmen, der uns am stärksten anzieht, gleichzeitig aber auch abhängig davon positiv oder negativ sein, mit welchem Bereich in einer Beziehung wir uns befassen: Essgewohnheiten, Kindererziehung, Geld, Sex, Umgang mit Emotionen oder unsere Sicht auf andere Menschen. Im Beruf können wir ebenfalls unterschiedliche positive und negative Positionen einnehmen, um ein Gleichgewicht herzustellen oder eine Nische zu füllen.

Der positive Pol sieht meist das große Bild. Er versucht, aus allem das Beste zu machen. Er ist großzügig und seine größte Kraft liegt in der Fähigkeit zur Transformation und darin, dass er das ganze Bild sehen kann. Seine größten Schwächen liegen darin, dass er nicht erkennt, welche Ressourcen notwendig sind, um ein Projekt zu vollenden, und dass er keinen Blick für Details hat. Die besten Eigenschaften des negativen Pols sind sein Realismus und die Tatsache, dass er Probleme nicht nur als das erkennen kann, was sie sind, sondern sie sogar voraussehen kann. Er hat ein Frühwarnsystem sowohl für gegenwärtige als auch für künftige Probleme, das ausgesprochen hilfreich sein kann. Andererseits beklagt er sich über viele Dinge und fühlt sich hilflos, wenn es darum geht, eine Situation zu verbessern. Der positive Partner ist derjenige, auf den der negative Partner vertraut, wenn es darum geht, seine Klagen zu transformieren. Umgekehrt versucht der negative Partner, die überschäumende Art des positiven Partners zu zügeln. Der negative Partner verliert die Hoffnung, wenn sein positiver Partner negativ wird, und fängt an, sich über ihn und sein Verhalten zu beklagen. Ein hochsensibler Mensch mit einem positiven Persönlichkeitsstil ist beliebt, hilfsbereit und heiter. Ein hochsensibler Mensch mit einem negativen Persönlichkeitsstil glaubt nicht daran, dass die Menschen ihn so mögen, wie er ist, und das, obwohl er die Anziehungskraft besitzt, die hochsensiblen Menschen eigen ist. Wenn er sich an einem Tiefpunkt befindet, kann der negative Pol seinen Wert nicht erkennen. Manchmal versucht er sogar, andere Menschen fortzustoßen oder dafür zu sorgen, dass Dinge aus dem Ruder laufen, nur um *Recht zu haben*.

Wenn ein hochsensibler Mensch sein Lager in der Negativität aufschlägt, kann es passieren, dass er neurotisch wird und Angst hat, sich auf die Ebene zu wagen, auf der er zum Erfolg aufgerufen ist. Wenn du ein übermäßig positiver

Idealist bist, brauchst du mitunter den Realismus des negativen Pols, weil du die Zeit und die Mittel unterschätzt, die erforderlich sind, um ein Ziel zu erreichen. Wenn du der negative Pol bist, brauchst du ein wenig Optimismus und Vertrauen, um dich aufzubauen und dir zu zeigen, was möglich ist. Der negative Pol ist im schlimmsten Fall depressiv, während der positive Pol im schlimmsten Fall zahllose Luftschlösser baut, aus denen so gut wie niemals etwas wird.

Als positiver Pol kannst du mithilfe des HIMMELS fast alles zum Besseren wenden. Als negativer Pol kannst du das Problem sehen, musst andere Menschen aber mitunter über die Macht negativen Denkens und darüber aufklären, welchen Wert es hat, stets das Problem zu erkennen. Wenn du als negativer Pol mit einem positiven Pol in deiner Umgebung eine Bindung eingehst, könnt ihr gut zusammenarbeiten, um einen besseren Weg zu erschaffen. Ein positiver Pol ist zu seinem eigenen Nachteil manchmal viel zu naiv und optimistisch und kann deshalb Zeit und Mittel vergeuden. Er kann andere Menschen inspirieren, ist aber nicht immer konsequent genug, um etwas erfolgreich zu Ende zu bringen. Ein negativer Pol weiß genau, wie viel Zeit und Geld ein Projekt erfordert, und ist in der Lage, sein Augenmerk auch auf die Details zu richten. Zusammen seid ihr ein wunderbares Team, aber wenn du dein Gegenüber nicht verstehst, bleibst du in deinen Urteilen über ihn und in deinem Verlangen danach, Recht zu haben, stecken, statt den Beitrag zu erkennen, den ihr beide gemeinsam leisten könnt.

30
Neurose

Eine Neurose ist die schlimmste Form von Negativität, in die ein hochsensibler Mensch verfallen kann. Sie geht mit einem hohen Maß an Verleugnung einher, das ihm die Möglichkeit gibt, seine „Masche" weiterhin ungestraft auszuagieren. Weil er sich selbst bestraft, ist er blind für den Schmerz und die Nöte, die er anderen Menschen damit auferlegt. Seine Blindheit ist an ein hohes Maß von Angst, Negativität und passiver Aggression geknüpft. Ihm ist nicht bewusst, wie sehr er von der Aufmerksamkeit anderer Menschen zehrt. Er ist ein Spezialist auf dem Gebiet der Besonderheit und verlangt ständig, dass alles nach seinem Willen laufen soll, ist gleichzeitig aber blind für sein Handeln und dafür, dass andere Menschen ständig Rücksicht auf ihn nehmen. Hinzu kommt, dass hochsensible Neurotiker keine Selbstverantwortung für das übernehmen, was sie tun, in ihrem Schmerz aber Aufmerksamkeit für ihre negative Besonderheit aufsaugen. Ihr Schmerz und ihre Probleme bringen ihnen dunklen Glanz und die Aufmerksamkeit ihrer Familie, ihres Partners und ihrer Freunde ein. Sie wären entsetzt, wenn sie sich selbst durch die Augen anderer sehen und erkennen könnten, wie „mies" sie sich gegenüber den Menschen in ihrer Umgebung verhalten. Dieses Verhalten können hochsensible Menschen trotz oder parallel zu dem großen und oft grundlegenden Beitrag zeigen, den sie in der

Welt leisten. Ihre „Masche“ hindert sie jedoch daran. Statt der Menschheit zu helfen, zehren sie von ihr.

Während meiner Zeit an der Universität hieß es immer, dass alle Menschen neurotisch seien. Auch wenn das zutreffen mag, ist es für alle Menschen wichtig, vor allem dort an ihrer Heilung zu arbeiten, wo sie sich selbst foltern. Das gilt besonders für hochsensible Menschen, weil sie wie Alice im Wunderland tief in den Kaninchenbau der Neurose hineinfallen können.

Es gibt keinen schlimmeren Neurotiker als den hochsensiblen Neurotiker. Deshalb ist es wichtig, dir deiner selbst gewahr zu sein. Es ist viel leichter, die „Masche“ eines anderen Menschen als die eigene „Masche“ zu sehen. Wenn ein hochsensibler Mensch seine Mission erfüllen und seine Bestimmung leben soll, braucht er jedoch ein hohes Maß an Selbstwahrnehmung, muss sich selbst leicht nehmen und darf, wenn er eine Rückmeldung von anderen Menschen erhält, nicht in die alten Abwehrmechanismen der Verletztheit oder des Selbstangriffs verfallen, um sich nicht ändern zu müssen. Was im Leben auf dem Spiel steht, ist zu wichtig, als dass er sich in seinen persönlichen Themen verstricken darf.

Auch wenn ein hochsensibler Mensch noch so sehr unter einer toxischen Kindheit gelitten haben oder gegenwärtig unter einem negativen Umfeld leiden mag, ist er dennoch in die Welt gekommen, um der Menschheit zu dienen, und nicht, um die Menschen in seiner Umgebung zu benutzen. Wenn er sich von dieser Toxizität nicht anstecken lässt, ist er am besten gerüstet, sie zu heilen. Er ist das Einhorn, dessen Horn das Wasser reinigt. Anderenfalls hört ein hochsensibler Neurotiker niemals auf, sich zu beklagen, und erwartet von anderen Menschen, dass sie die Dinge für ihn in

Ordnung bringen. Er kann also äußerst feinsinnig, in einem bestimmten Bereich aber auch neurotisch und in der Kindheit stecken geblieben sein. Selbst wenn du dutzende Probleme eines Neurotikers löst, bleibt er aufgrund seiner Neurose dennoch das quietschende Rädchen, das geschmiert werden will.

Wir wollen uns bewusst machen, wo wir von anderen Menschen zehren. Anderenfalls mag ein hochsensibler Mensch zwar eine große Aufgabe und eine ebenso große Bestimmung haben, wird aber, wenn er seine Neurose nicht heilt, im nächsten Schritt zum Vampir, der andere Menschen aussaugt und sein eigenes Elend benutzt, um sie in seinem Netz zu fangen.

31
Verunglimpfung

Hochsensible Menschen fühlen sich rasch gekränkt, verletzt oder gedemütigt. Das Ego hält ständig Ausschau nach Beleidigungen und *fordert* Respekt. Das Gefühl, verunglimpft zu werden, kann eine sehr unangenehme Erfahrung sein. Du fühlst dich geschmäht, beleidigt, verletzt und verbittert. Um nicht in diese Fallen zu tappen, ist es für hochsensible Menschen deshalb wichtig, sich die nachfolgenden Prinzipien zu eigen zu machen, die über die unangenehme Erfahrung der Verunglimpfung hinausschauen. Auch wenn du in einer Situation, in der du verunglimpft wirst, das scheußliche Gefühl von Erniedrigung empfindest, kannst du diese unangenehme Erfahrung trotzdem in eine Goldmine verwandeln, indem du sie als Chance nutzt, um Heilung zu erlangen und eine Lernerfahrung zu machen, statt zu kämpfen, verletzt zu werden oder Boden in deiner Beziehung zu verlieren. Du kannst die Entscheidung treffen, das, was sich wie ein Angriff anfühlt, in eine Situation zu verwandeln, in der du einen weiteren Aspekt deiner Bestimmung erfüllst. Dennoch braucht es Mut, denn es ist eine Geburt. Schließlich wollen wir alle, dass andere Menschen eine hohe Meinung von uns haben, uns lieben und wertschätzen, ja, uns sogar bewundern und sich von uns inspirieren lassen.

Besonders inspirierend ist es, in jeder Situation, in der du dich verunglimpft und gedemütigt fühlst, das Ego zu missachten. Nutze die Energie stattdessen, um dich zum nächsten Kapitel in deinem Leben zu bringen. Um den mit der Verunglimpfung verbundenen Schmerz zu lindern, stelle dir vor, dass es sich um eine Geburt handelt, und entscheide dich dafür, nicht zu reagieren. *Du kannst dich nur dann aufregen, wenn du an etwas anhaftest.* Es wäre dir dienlich, dieses Bedürfnis des Egos loszulassen, denn die *Anhaftung* ist das, was schmerzt. Reaktives Handeln verstärkt den Kampf und vergrößert den Wutausbruch. Je mehr du kämpfst, umso mehr trennst du dich, und das ist genau das, was das Ego will. Es will keinen Fortschritt, der zur Folge hat, dass es kleiner wird und das Leben in stärkerem Maße präsent ist. Um nicht reaktiv zu sein, wenn du angegriffen wirst, kannst du dir vorstellen, dass du eine Wolke bist und jede vermeintliche Demütigung einfach durch dich hindurchlässt, ohne dass sie dich berührt. Du kannst ihre Kraft als Geschenk an dich selbst aufnehmen. Das Ego will sich verteidigen und Rache üben, aber du brauchst es nicht. Hinzu kommt, dass, *wenn wir glauben, angegriffen zu werden, wir in Wirklichkeit derjenige sind, der angreift.* Das ist das Wesen der Projektion. Selbst wenn jemand uns immer wieder angreifen würde, könnte sein Angriff uns nicht berühren, solange wir nicht aufhören, ihn zu lieben und zu segnen. Wir würden noch nicht einmal erkennen, dass es sich um einen Angriff handelt. Ein weiterer Ansatz, dem wir intuitiv nachgehen können, ist die Frage, aus welchem Grund wir die Situation *unterbewusst* überhaupt herbeigeführt haben. Welchen Zweck haben wir damit verfolgt? Wofür haben wir sie benutzt?

Auch wenn es schwierig sein mag, besteht dein Ziel darin, vorwärtszugehen und dich auf den Menschen zuzubewegen, der dich vermeintlich angegriffen hat, um ein neues

Band zu knüpfen. Erkenne auch, dass der Schmerz, der von ihm auszugehen scheint, *nur* existiert, weil er *deine* Regeln gebrochen hat. Wo du Regeln aufgestellt hast, dort hast du einen Abwehrmechanismus gegen alten Schmerz errichtet. Ich wünsche dir viel Glück bei der Abwehr deines Schmerzes, da *jeder Abwehrmechanismus* genau das herbeiführt, was er abwehren sollte. Abwehrmechanismen rufen nach Angriff und ziehen ihn an. Regeln sind dazu da, gebrochen zu werden. Dadurch wird der alte, in uns verschüttete Schmerz freigesetzt. Wenn wir versuchen, uns gegen ihn zu verteidigen, verschlimmern wir ihn entweder, weil wir ihn bekämpfen, oder wir brechen vollends ein.

Es gibt einen wesentlich besseren Weg! Er besteht darin, *jede negative Situation* zu nutzen, um einen Sprung voranzutun – über die Mauern, die Abwehrhaltung und die Begrenzungen hinweg, die Teil des Egos sind. Deinen Schmerz zu nutzen, um zu einem neuen Kapitel in deinem Leben zu gelangen, heißt, ihn als *Chance* zu betrachten. Vertraue dem Prozess. Vertraue demjenigen, der dich verunglimpft. Vertraue der Verunglimpfung. Gib das Verlangen danach auf, Recht zu haben, und damit auch das Verlangen, Opfer zu sein. Die Opferhaltung ist in Wahrheit ein Kampf und ein Akt der Rache nicht nur an demjenigen, der dich verunglimpft hat, sondern auch an anderen Menschen, die eine wichtige Rolle in deinem Leben spielen. Vertraue darauf, dass du imstande bist, eine neue Ebene zu erreichen und bestmöglich durch diese Erfahrung hindurchzugelangen.

Wenn du aufhörst, Recht haben zu wollen, ziehst du automatisch in Betracht, dass das, was gesagt wurde, *vielleicht* wahr ist. Wenn du es integrierst, wird das, was dir scheinbar nicht gefällt, transformiert und trägt zu deiner Ganzheit und deinem Gleichgewicht bei. Es mag nicht das sein, was du von dir selbst glaubst. Es kann tatsächlich sogar genau das Gegenteil dessen sein, was du dein ganzes Leben lang sein wolltest. Dies zeigt, dass eine deiner Kompensationen am Werk ist. Eine deiner Rollen funktioniert nicht mehr. Sie war ein Abwehrmechanismus. Der Schmerz, der unter dem Abwehrmechanismus verborgen lag, kommt jetzt lediglich zum Vorschein, und er tut es unabhängig davon, ob das, was gesagt wurde, auch nur ein Quäntchen an Wahrheit in sich birgt oder nicht. Das ist letztendlich natürlich nicht der Fall, aber die Kraft dessen, was auf dich zukommt, kannst du nutzen, um herauszufinden, worauf du so sensibel reagiert hast. Der Angriff kann völlig unangebracht, aber dennoch hilfreich sein. Ebenso gut kann er allerdings ins Herz dessen getroffen haben, was du von dir selbst geglaubt, aber immer abgewehrt hast. Wenn du akzeptierst, dass du diese Überzeugung von dir selbst hast, ist es keine große Sache mehr. Statt deinen Fluss zu behindern, werden die Rolle und das, was sie abgewehrt hat, losgelassen, und das hat zur Folge, dass das Ereignis ins richtige Verhältnis gerückt wird. Wenn du keine Abwehrhaltung einnimmst, kannst du alles integrieren, was man zu dir sagt, sodass es zu einem Bestandteil deines Selbstvertrauens und deiner Ganzheit wird, wenn es sich in dich hinein auflöst. Der nächste Schritt in diesem Heilungsprozess hat mit Geben zu tun.

Es gibt etwas, das der Mensch, der dich angegriffen hat, braucht. Was ist es? Er trägt ein *verwundetes Kind* in sich und sein Angriff, sofern es überhaupt ein Angriff war, rührt von *Schwäche* her. Du hast jetzt die Chance, die Gabe zu finden, die du genau für diese Situation in dir trägst. Stelle dir intuitiv die Frage, worin diese Gabe besteht. Öffne sie und lasse dich von ihr erfüllen. Teile sie dann energetisch mit dem Menschen, der dich angegriffen hat. Sein Angriff war ein Hilferuf und du kannst darauf antworten. Der HIMMEL hält ebenfalls eine Gabe für ihn bereit, die du lediglich zuerst empfangen musst, um sie mit ihm teilen zu können.

Du kannst auch dein inneres Licht zuerst mit dem Licht von CHRISTUS, Maria, Kuan Yin oder Buddha und dann mit dem inneren Licht des Menschen verbinden, der dich deiner Meinung nach verletzt hat.

Wünsche dir dann aus tiefstem Herzen, dass für alle an der Situation beteiligten Menschen eine Geburt stattfinden möge. Bitte immer wieder um ein Wunder. GOTT hört jedes Gebet, das aus dem Herzen kommt. *Bitte von ganzem Herzen.*

Der letzte Schritt besteht darin, dich mit dem betreffenden Menschen zu verbinden. Wenn du distanziert bleibst, wird die Verunglimpfung zu einem Groll, der die alte durch eine neue Wunde vergrößert. Die neue Verletzung verbirgt einmal mehr die Schuld, die daher rührt, dass wir ein Ereignis benutzen, um getrennt zu bleiben, statt zu helfen. Du solltest die Situation nicht benutzen, um das Ego aufzubauen, das auf Schmerz, Ungerechtigkeit und Opferdenken basiert. Stattdessen solltest du erkennen, dass du eine Ungerechtigkeit begehst, wenn du nicht hilfst, weil *du* die Gabe in dir trägst, um ihm, dir selbst und allen an der Situation beteiligten Menschen zu helfen. Verbinde dich emotional mit ihm, bis du dich ihm nahe fühlst. Der Schmerz, den *du* gefühlt hast, ist derselbe Schmerz, den er in sich getragen hat, aber dadurch, dass du vortrittst und dich auf diese emotionale Geburt einlässt, bringst du euch beide voran. Du tust es, indem du dich mit ihm verbindest, statt dich zu verstecken und ihn ins Unrecht zu setzen. Dadurch, dass du ihm gibst und vergibst, ersparst du euch beiden enorm viel Zeit und weitere Probleme.

Wenn du wüsstest, wie alt du warst, als die Ursache dieses Schmerzes entstanden ist, dann war es vermutlich im Alter von .... Wenn du wüsstest, wer damals bei dir war, dann war es vermutlich .... Wenn du wüsstest, was geschehen ist, dann war es vermutlich .... Um alles zu heilen, verbinde dein inneres Licht zuerst mit dem Licht deines GÖTTLICHEN FREUNDES und dann mit dem Licht aller Menschen, die an der ursprünglichen Situation beteiligt waren. *Aller Schmerz kommt aus der Vergangenheit.* Bei dieser Verunglimpfung war es nicht anders. Nun kannst du die Neugeburt und die Heilung verwirklichen, die bereits in der Vergangenheit für dich bestimmt waren. Diese Lektion kannst du nun abschließen. Ohne den Angriff, der deinen alten Schmerz wieder zum Leben erweckt hat, wäre er womöglich in dir verborgen geblieben, hätte an dir genagt und dich negativ beeinflusst. Sei dem betreffenden Menschen dankbar dafür, dass er die Lektion zutage gefördert hat, damit du sie endlich lernen konntest. Jetzt bist du für alle zugänglicher, weil du mit deinem Sprung voran einen großen Abwehrmechanismus nicht nur zwischen dir und dem betreffenden Menschen, sondern auch zwischen dir und dem Leben eingerissen hast.

32
Die Wichtigkeit von Selbsteinbeziehung

Der Aspekt, um den es in diesem Kapitel geht, ist zwar für alle Menschen wichtig, für hochsensible Menschen aber von entscheidender Bedeutung. Wenn du dich selbst nicht einbeziehst, bist du in einem Leben der Aufopferung gefangen, die mit dissoziierter Unabhängigkeit und der Opferhaltung einen Teufelskreis bildet. Die tote Zone ist der Ort, an dem dein Leben scheinbar in eine Flaute geraten ist und kein Wind der Veränderung weht. Selbsteinbeziehung ist die Abkürzung, die dich daraus befreit. In der toten Zone hast du das Gefühl, in fast allen Bereichen des Lebens auf der Stelle zu treten und in einem Trott gefangen zu sein. Manche Menschen versuchen an diesem Punkt, ihr Leben zu zerstören. Andere geben ihre Träume auf und wenden sich dem Schwelgen zu, das aber nur dafür sorgt, dass sie noch weniger von der Stelle kommen und sich noch erschöpfter fühlen.

Immer wenn wir uns getrennt haben, haben wir uns selbst ausgeschlossen. Dort, wo wir zum Opfer gemacht wurden, haben wir uns in Wirklichkeit jedoch selbst den Wölfen zum Fraß vorgeworfen. Unser Unterbewusstsein hat diese Tatsache dokumentiert und sie ist uns zugänglich, wenn wir uns dafür entscheiden, sie zu erforschen, um Heilung zu erlangen. Das Maß unserer Selbsteinbeziehung entspricht dem Maß, in dem wir auch andere Menschen einbeziehen. Deshalb ist Einbeziehung ein grundlegender Aspekt der Partnerschaft, denn sonst handeln wir aus Rollen, Regeln und Pflichten statt aus der Entscheidung heraus, authentisch zu geben.

Selbsteinbeziehung ist gleichbedeutend damit, dass wir uns sowohl der Wahrheit als auch uns selbst verpflichten. Vollkommene Selbsteinbeziehung würde die gesamte Menschheit einschließen und wir würden unser SELBST erkennen. Ohne Selbstverpflichtung können wir uns nichts und niemandem uneingeschränkt hingeben und sind versucht, in Rollen und Halbheiten zu verfallen. Wenn wir uns allen Menschen und allen Dingen rückhaltlos hingeben, verstärken wir dagegen auch unsere Selbsteinbeziehung. Unser Leben kann nicht gelingen, wenn wir allen anderen Menschen ständig gute Karten geben, uns selbst aber nicht erlauben, am Spiel teilzunehmen. Verpflichte dich dir selbst, denn sonst haben deine Freude und deine Fülle keine Anschrift und keinen Bestimmungsort, an dem sie sich als natürliche Folge deines Gebens einfinden können.

33
Frieden und Reinheit

Wir leben in einer Gesellschaft, die nach äußeren Reizen sucht, und werden rund um die Uhr mit ihrer Verfügbarkeit bombardiert. Sie sind Teil der Konsumgesellschaft, die uns umgibt. Wir glauben, dass wir *mehr* brauchen, um uns zu befriedigen, und das macht uns anfällig dafür, nach Götzen zu suchen, die uns vervollständigen sollen. Dies scheint so schlecht nicht zu sein, bis sich Herzensbruch, Enttäuschung und Desillusionierung einstellen. Götzen sind das, woraus zerschlagene Träume bestehen. Was uns erfüllt, ist nicht das, was wir bekommen, sondern das, was wir geben. Deshalb ist unsere Lebensaufgabe so enorm wichtig. Sie erlaubt uns zudem, uns mit GOTT zu verbinden und SEIN Licht und SEINE LIEBE zu erfahren. Äußere Dinge mögen uns für eine kurze Weile ausfüllen, aber früher oder später stehen wir wieder vor derselben Lektion. Wir sind zum Frieden aufgerufen. Er birgt alles in sich, was wir wollen. Er soll uns nicht einfach nur die Möglichkeit geben, dem Schmerz zu entkommen, der daher rührt, dass wir unser Glück in äußeren Dingen suchen, sondern uns vielmehr befähigen, die Welt und das Glück in uns zu entdecken.

Während eines Workshops, den ich 1984 in einem schönen, an einem Hang gelegenen Haus mit Blick auf die Bucht von Kaneohe in Oahu leitete, wurde mir klar, dass ich nicht wirklich wusste, was Frieden ist. Wenn ich den Teilnehmern etwas darüber vermitteln sollte, musste ich aber wissen, wovon ich sprach. Als es auf die Mittagspause zuging, bat ich den HIMMEL um eine Erfahrung des Friedens. Ich war immer „Mr. Stimulation" gewesen, hatte viel gearbeitet und Spaß in meinem Heilberuf gehabt. Als die anderen Teilnehmer das Haus verließen, um in den Restaurants der Umgebung etwas zu essen, traf mich eine so starke Welle tiefen Friedens, dass ich mich kaum auf den Füßen halten konnte. Ich ging zum Sofa und fiel darauf nieder, so durchdrungen, dass ich mich kaum bewegen konnte. Zwei Stunden lang lag ich dort in einem Zustand euphorischer Glückseligkeit. Ich hatte den HIMMEL um eine Erfahrung des Friedens gebeten und das war die Antwort. Wenn der HIMMEL wollte, dass ich andere Menschen etwas über Frieden lehren sollte, dann hatte ich jetzt eine tiefgreifende Lektion darin bekommen.

Frieden bringt Freude, Fülle, Liebe und Gesundheit hervor. Er öffnet die Pforte zum HIMMEL und ist einer der Orte, durch die wir uns mit GOTT verbinden können.

Reinheit ist ebenfalls eine Grundvoraussetzung dafür, dass wir GOTT begegnen und eine so intensive LIEBE und tiefe Schönheit erfahren können. Ohne Reinheit sind wir durch die zahllosen Ziele des Egos und unser eigenes Konsumdenken abgelenkt. Unser Geist ist zu beschäftigt. Je reiner wir werden, umso leichter ist es, uns zu konzentrieren, und Konzentration rührt von Selbstvertrauen her. Beide sind Schlüssel zum Erfolg. Reinheit eint unseren Geist.

Wenn wir älter werden und uns dem Ende unseres Lebens nähern, fallen oft viele der Dinge weg, die wir für unser Glück für absolut unerlässlich hielten. Wenn wir vom Leben desillusioniert sind, glauben, unser Leben vergeudet zu haben, und enttäuscht sind, kann es rasch passieren, dass wir uns von den Möglichkeiten abwenden, die wir zu diesem Zeitpunkt noch haben. Die Freude im Leben und in Beziehungen entspringt dem, was wir *geben*, und nicht dem, was wir *bekommen*. Reinheit bewirkt, dass wir weniger abgelenkt sind und weniger geizig werden. Wir geben uns immer mehr dem hin, was uns Liebe und Freude bringt. Wenn wir an Reinheit gewinnen, werden wir verantwortlich, verlässlich, eigenverantwortlich, zu einem guten Partner und zu einer inspirierten Führungspersönlichkeit. Wir werden kreativ, visionär und weise, mit Fülle beschenkt und zu einem Meister.

Ist Reinheit ein wichtiges Ziel für dich? Wenn du deine Lebensaufgabe erfüllen, deine einenden Gaben annehmen und der sein willst, der du in diesem Leben sein wolltest, dann erkenne, dass du diese Ziele ohne Reinheit nicht erreichen kannst. Ohne Reinheit neigst du dazu, den einfachsten Weg zu gehen und möglichst viel zu bekommen, während du möglichst wenig gibst. Du versuchst zu betrügen! Dabei betrügst du dich letztendlich jedoch nur um die Freuden des Lebens. Lancelot pflegte zu sagen: „Ich besitze die Kraft von zehn Männern, weil mein Herz rein ist." Er besaß sie, bis er seine Reinheit verlor – und in der Folge so vieles andere verloren ging. Reinheit lässt dich empfangen und erschließt dir die kostbarste Freude. Nehmen führt zu Verletztheit und Herzensbruch. Reinheit lehrt dich, was am wichtigsten ist, und aus diesem Blickwinkel kannst du leicht erkennen, was wenig Wert besitzt und nicht lohnt, dass du danach trachtest. Reinheit bewirkt, dass du dir selbst die Erlaubnis gibst, GOTT zu erfahren, denn auch wenn es keinen Ort gibt, an dem ER nicht ist, lässt allein deine Heiligkeit, die Ganzheit deiner Reinheit, die *Erfahrung* GOTTES zu. Sir Galahad hat den Heiligen Gral gefunden, und seine Reinheit soll größer als die aller anderen Ritter gewesen sein. Du trägst den

Gral in dir im Tempel deines Geistes. Alles, wonach du strebst und was du gibst, bietest du auf deinem Altar dar. Du kannst alle Unreinheit darauf legen und daneben die Vergebung, um die Unreinheit fortzunehmen. Das hat zur Folge, dass deine Ganzheit und deine Liebe wachsen. Dein Herz ist der Schlüssel zu deiner Liebe, deiner Kreativität und deiner Hilfsbereitschaft. Es ist die Quelle von Freude und Vergnügen. Dein Herz ist der Weg, der dich nach Hause bringt. Heilung und Reinheit gehen deshalb Hand in Hand. Du entdeckst GOTT in deinem Herzen und stellst fest, dass ER die ganze Zeit bei dir gewesen ist. Wenn du entdeckst, dass GOTT in deinem Herzen ist, dann entdeckst du auch, dass du in SEINEM GEIST bist und IHN niemals verlassen hast.

34
Herrlichkeit statt dunklem Glanz

Auf den höchsten Ebenen der persönlichen Entwicklung wenden wir uns dem Licht zu und bekennen uns zur geistigen Sphäre, weil wir wissen, dass alles andere eine Illusion ist. Wir stellen keine anderen Götter – die Götzen der Welt – über GOTT. Wir sind mehr am besonderen Reiz der Freude als an allen äußeren Reizen der Welt interessiert. Wir scheuen uns nicht länger, uns zu unserer Herrlichkeit zu bekennen, weil wir wissen, dass sie die Ganzheit unseres GOTTGEGEBENEN Erbes ist. Wir fallen nicht länger auf die Arroganz der Kleinheit oder auf die fiebrige Umarmung dunkler Trostspender herein. Wenn wir uns nicht zu unserer Herrlichkeit bekennen, wenden wir uns entweder dem dunklen Glanz des Ruhms oder dem dunklen Glanz von Kleinheit und Negativität zu.

Hochsensiblen Menschen ist es bestimmt, Herrlichkeit in die Welt zu tragen. Es ist die Herrlichkeit des HIMMELS, die so hell durch sie hindurchleuchten soll, dass sie den Weg nach Hause weisen. Scheue dich nicht und nimm keine falsche Demut an. Du bist zur Herrlichkeit aufgerufen. Herrlichkeit bedeutet, dass du den Funken, der bei deiner Schöpfung in dich eingepflanzt wurde, mit der LIEBE GOTTES zur ganzen Schöpfung hell aufleuchten lässt und ein wirkliches Heimkommen und Willkommen bereitest. Das Licht der Herrlichkeit nimmt niemals. Es gibt einzig so, wie

Gott gibt. Lasse dich nicht vom falschen Licht des dunklen Glanzes trösten. Er kann dir niemals Befriedigung bringen. Du wurdest vom GROSSEN LICHT geschaffen und in seiner Umarmung leuchtet Herrlichkeit auf, sodass du keinen Unterschied zwischen Gott und dir sehen kannst, wenn die Leuchtkraft der LIEBE SELBST durch dich hindurchströmt.

35
Der Weg des Himmels

Zu allen Zeiten, in denen wir gelitten haben, hätten wir die Möglichkeit gehabt, das Leid zu vermeiden und uns für einen besseren Weg zu entscheiden. Stattdessen haben unsere falschen Entscheidungen uns in die Trennung geführt und Selbstkonzepte erzeugt, die zu dissoziierten Hüllen geworden sind. Einige Klienten, mit denen ich gearbeitet habe, hatten sich mit Hüllen umgeben, die bis zu tausend Meter dick waren, und sich damit von Liebe und Glück abgeschnitten. Sie luden sich nicht nur viele Tonnen an Schuld für die Trennung auf, sondern auch den Schmerz und die Schuldgefühle, die ihnen als Ausrede dienten, um getrennt bleiben zu können. Gemeinsam sorgen diese vielen Hüllen dafür, dass wir immer weiter aus unserer Mitte geraten. Als hochsensibler Mensch nimmst du den Schmerz, der von der Trennung herrührt, natürlich noch stärker wahr. Das Ego rät, dich noch weiter aus deiner Mitte zu entfernen, um den Schmerz in noch höherem Maße zu dissoziieren. Das führt dazu, dass du dich gegen deine Hochsensibilität wehrst. Du versäumst die von deiner Seele für dich vorgesehene Gelegenheit, aufgrund deiner Heilung und der Gaben, die du mitgebracht hast, deinen Platz als fortgeschrittener Lehrer für die Welt einzunehmen. Dennoch kannst du ein Kanal für die Gnade des HIMMELS sein, die Situation transformieren und der Welt Freude bringen.

Jede leidvolle Erfahrung in deinem Leben zeigt, dass du dich vom Weg des HIMMELS abgewandt hast. Du hast den Punkt der Entscheidung benutzt, um dich vom Licht abzuwenden, dein Ego aufzubauen und dich damit stärker an die Welt zu binden. Dadurch hattest du die Möglichkeit, die Hüllen deiner Selbstkonzepte aufzubauen, die dich nun zum Gefangenen machen und dich an die Zeit und an selbstsabotierende Muster binden. Unter diesen dissoziierten Mustern liegt ein hohes Maß an Bedürfnis und Schmerz verborgen. Eine Möglichkeit, diese alten, dissoziierten Muster zu heilen, besteht darin, dich der schmerzhaften Emotion jedes Ereignisses zu öffnen und sie für einen Augenblick tief und wahrheitsgetreu zu erfahren. Achte dabei unmittelbar darauf, wie viel Prozent deiner selbst du bei diesem Ereignis verloren hast, und bringe diesen Prozentsatz mit zurück in die Gegenwart oder bitte die Engel darum, es zu tun. Das zurückzubringen, was du verloren hattest, gibt dir das Maß an Selbstvertrauen, Frieden und Ganzheit wieder, das dir gefehlt hat.

Eine andere Möglichkeit besteht darin, an den Ort zurückzukehren, an dem ein Trauma oder ein Muster begonnen hat. Dies ist der Punkt der Entscheidung, an dem du das Angebot des Egos angenommen und dich von deiner Größe abgewandt hast, um dich verstecken und klein sein zu können. An dieser Wegkreuzung hast du dich von deiner Lebensaufgabe abgewandt und deine Egoidentität aufgebaut, indem du so getan hast, als ob du selbst mit dem Schmerz in deinem Leben nichts zu tun hättest. Immer wenn du dich geweigert hast, die Verantwortung für das zu übernehmen, was dir widerfahren ist, bist du noch mehr zum Opfer geworden, hast dich noch mehr aufgeopfert, hast dissoziiert und in deiner Unabhängigkeit noch mehr den Zugang zu deinem

Herzen verloren. Je mehr du dein Herz verloren hast, umso mehr hast du Vergnügen und Empfangen blockiert und deinen inneren Stress vergrößert. Du kannst jedoch eine neue Entscheidung treffen. Du kannst an den Ort zurückkehren, an dem die Ursache für das Problem oder das Trauma zu finden ist. Finde dann intuitiv heraus, worin die Seelengabe besteht, die du mitgebracht hattest, um den Weg des HIMMELS zu gehen, und welche Gabe der HIMMEL dir angeboten hat, um die Situation und alle daran beteiligten Menschen zu heilen.

Du kannst dich fragen, wann ein bestimmtes Trauma oder Problem begonnen hat, einfach raten und mit der Zahl arbeiten, die dir in den Sinn kommt. Wenn du über diese Fragen nachdenkst oder dich zu erinnern versuchst, statt zu raten, überlässt du dem Ego das Kommando. Es bringt dich noch weiter vom Weg ab. Später kannst du über deine Antworten nachdenken und das Puzzle zusammensetzen. Wenn die Zahl, die dir in den Sinn kommt, größer als neun ist, du also älter als neun Jahre warst, hast du ein mehrschichtiges Problem. Ich habe festgestellt, dass Probleme, die nach dem neunten Lebensjahr auftreten, immer auf eine Wurzel in den ersten neun Jahren zurückgehen. Wenn das Problem aufgetreten ist, als du zehn Jahre alt warst, geht die Wurzel in die Zeit deiner Geburt oder dein erstes Lebensjahr zurück. Wenn du ein Problem im Alter von zwölf Jahren geklärt hast, kehre auch in dein drittes Lebensjahr und anschließend in den dritten Monat deiner Zeit im Mutterleib zurück (12 entspricht 1 + 2 = 3). Wie du sehen kannst, brauchst du tatsächlich deine Intuition, um herauszufinden, was unterhalb der Ebene deines bewussten Denkens verschüttet liegt und dich nach wie vor steuert. Wenn dein Problem im Alter von drei Jahren begonnen hat, frage dich, wie dick die Hülle war, mit der du dich umgeben hast, und wie es sich auf dein Leben ausgewirkt hat. Frage dich dann, wie viele Kilogramm an Schuld du infolge der Trennung auf dich geladen und wie du dich dafür bestraft hast. Wofür hast du die Schuld und die Hüllen benutzt? Frage dich danach, worin die Seelengabe besteht, die dich und die anderen an der Situation beteiligten Menschen befreien sollte und die an der Wegkreuzung als Potenzial immer noch auf dich wartet. Frage dich anschließend, welche Gabe der HIMMEL in dieser Situation für dich bereitgehalten hat, um dir und allen anderen an der Situation beteiligten Menschen zu helfen, die um deine Hilfe gebeten haben. Wenn du dazu bereit bist, kannst du dich jetzt für den Weg des HIMMELS entscheiden und den Weg des Egos auflösen, den du zuvor eingeschlagen hattest.

Nimm die Gaben an und teile sie mit allen Menschen, die an der Situation beteiligt waren. Stelle dir dann vor, dass du auf dem Weg des HIMMELS durch dein Leben gehst und die Gaben mit allen Menschen und Dingen teilst, denen du begegnest, bei deiner Familie angefangen bis hin zu deiner jetzigen Beziehung. Schaue nun auf dein Leben zurück, nachdem du den Weg des HIMMELS gegangen bist. Wie hat es sich entwickelt? Wenn der Prozess abgeschlossen ist, kehre in den dritten Monat deiner Zeit im Mutterleib zurück. Frage dich, wer an dem Problem beteiligt war. Während unserer Zeit im Mutterleib und bis zu einem Alter von zwei Jahren sind wir psychische Schwämme und machen uns alle Emotionen unserer Eltern und anderer wichtiger Menschen zu eigen.

Du hast die Chance, dein Leben und deine Lebensmuster zu verändern. Diese Methode führt zum Erfolg, wenn du es willst. Was willst du? Unsere Lebensmuster sind ineinander verschlungen, um das Ego aufzubauen, aber du kannst sie entwirren, die Hüllen abwerfen und die Schuld loslassen, indem du den Weg des HIMMELS gehst.

Der erste Schritt kann darin bestehen, deine Traumen zu heilen. Sei entschlossen, dein Leben, erfüllt von Frieden und Zuversicht, zurückzugewinnen. Bitte um die Hilfe des HIMMELS. Der HIMMEL *ist stets auf deiner Seite*, um dir Heilung und Glück zu bringen. Sobald du deine Traumen geheilt hast, kannst du dich anderen Mustern zuwenden, zu denen Selbstdestruktivität, Opferdenken, Herzensbruch, Rache, Hass, Selbsthass, Wertlosigkeit, Unzulänglichkeit, Angst, Schuld, Verlust, Festhalten, jede Form von Mangel, chronische Probleme, Wutausbrüche, falsche Geisteshaltung, der Autoritätskonflikt, Groll und der Ursprung unseres Kampfes mit GOTT gehören. Im Laufe der Zeit können noch andere Bereiche hinzukommen, die der Heilung bedürfen, wie etwa die Wurzel mangelnder Gesundheit, Erfolglosigkeit oder der Anfang einer unglücklichen Beziehung. Ich rate dir, deine Kräfte einzuteilen und jeden Tag nur eine bestimmte Anzahl an Bereichen auszuwählen, um sie zu transformieren. Nutze jedes Problem in deinem Leben als Hinweis auf ein Muster, das der Heilung bedarf. Manche Altersabschnitte sind von mehreren, einander überlagernden Mustern geprägt. Mit jedem Muster, das du aus dem Weg räumst, werden mehr Gaben offenbar, die dir und den Menschen in deiner Umgebung helfen und dein Leben mit Mühelosigkeit und Vergnügen segnen.

Wir sind hier, um hochsensible Menschen in ihrer Aufgabe zu unterstützen, die darin besteht, die Welt zu bereichern und uns alle zu segnen.

Danksagung

Ich möchte an erster Stelle meiner Frau und meinen Kindern – Herz und Mittelpunkt meines Lebens – für die fortgesetzte Unterstützung danken, die es mir ermöglicht, meine Bücher zu schreiben. Mein ausdrücklicher Dank geht auch an Cilla, die für den reibungslosen Ablauf unserer geschäftlichen Angelegenheiten sorgt, und an Sunny, meine Sekretärin, deren unermüdliche Einsatzbereitschaft sicherstellt, dass wir unsere Abgabetermine immer einhalten können. Ich möchte auch Torsten, Gerd und Dorian danken, die das vorliegende Buch in Manuskriptform gelesen haben. Habt vielen Dank für euer Feedback. Ebenso danke ich meinem Lektor, der meine Fehler aufspürt und meinen Manuskripten ihren endgültigen Schliff verleiht. Mein Dank geht außerdem an die Trainer und Schüler der *Psychology of Vision* auf der ganzen Welt. Ich danke euch für eure Hingabe an den Weg der Heilung.

Es ist mir ein Privileg und eine Freude, euch zu danken und euch wissen zu lassen, wie sehr ich euch alle wertschätze.

Zum Schluss danke ich wieder einmal *Ein Kurs in Wundern* dafür, wie tiefgreifend er nicht nur mein Leben, sondern auch jedes Kapitel dieses Buches beeinflusst hat.

Weitere Titel aus dem Verlag Via Nova:

Endlich leben – statt gelebt zu werden

Chuck Spezzano

Klappenbroschur, 304 Seiten, ISBN 978-3-86616-469-7

Dieses Buch ist deshalb so außergewöhnlich, weil es aus moderner spiritueller Sicht systematisch die wahren Ursachen ergründet für das, was wir Menschen als unser größtes Unglück erfahren. Doch damit nicht genug. Es zeigt auch für jeden nachvollziehbar auf, dass es nur an uns liegt, in unserem Leben wahrhaftiges Glück zu erlangen. Was für eine Botschaft! Lernen Sie zu erkennen, dass alles, wonach Sie sich sehnen, in Ihrem Leben schon vorhanden ist und dass Sie durch vollkommene Selbstverantwortung und Neuausrichtung Ihrer Wahrnehmung tiefste Heilung und wahre Freiheit erreichen können. Dies ist eine absolut empfehlenswerte Lektüre für jeden wirklich Suchenden – die essenziellen Erkenntnisse aus 45 Jahren Praxis, Lehrtätigkeit und Lebenserfahrung des weltbekannten Weisheitslehrers und Bestsellerautoren Chuck Spezzano.

Willst Du Recht haben oder glücklich sein

So gelingt eine harmonische Partnerschaft

Chuck Spezzano

Klappenbroschur, 304 Seiten, ISBN 978-3-86616-449-9

Nirgendwo sonst können wir uns intensiver erfahren und erkennen als in unseren Partnerschaften. Das größte Geschenk, das wir uns dabei machen können, ist es, überall wo Schwierigkeiten, Schmerz oder Kampf bestehen, unsere Projektionen zu entlarven und Bewusstheit hinzubringen. Chuck Spezzano, der berühmte Weisheitslehrer, widmet sich in diesem Buch dem Thema der glücklichen Partnerschaft mit all seiner Leidenschaft, seinem tiefen Wissen und seiner über 40-jährigen therapeutischen Erfahrung. Sein großes Herzensanliegen ist es, uns zu vermitteln, wie „Beziehungen zu einem Pfad des Aufstiegs in Liebe, Integrität, Ganzheit und Freude werden können". Mit diesem neuen Meisterwerk kommen wir diesem herrlichen Ziel ein wesentliches Stück näher.

WHY SHIT HAPPENS

Warum guten Menschen schlimme Dinge zustoßen

Chuck Spezzano

Klappenbroschur, 240 Seiten, ISBN 978-3-86616-450-5

Ganz gleich, was uns im Leben begegnet, welche Hürden sich in unserem persönlichen Entwicklungsprozess, in unseren Beziehungen oder unserem Beruf zeigen, es gibt nur einen Weg, der wirklich heilt, und der heißt: vollständige Selbstverantwortung. Welche Prinzipien und Dynamiken im menschlichen Bewusstsein dabei wirken und wie wir lernen, die Rolle der Selbstverantwortung in seiner ganzen Dimension zu verstehen und unmittelbar anzuwenden, das erfahren wir in diesem neuen Meisterwerk in einzigartiger Klarheit. „Nach 45 Jahren therapeutischer und beratender Tätigkeit fühlte ich mich jetzt erst bereit, dieses Buch zu schreiben", sagt der weltberühmte Weisheitslehrer Chuck Spezzano und gibt uns damit einen Begriff von der fundamentalen Bedeutung des Themas für Bewusstwerdung und Transformation.

50 Wege, loszulassen und glücklich zu sein

Chuck Spezzano

10. Auflage

Taschenbuch, 224 Seiten,
ISBN 978-3-86616-432-1

„Loslassen" ist das große Zauberwort einer ganzen Generation spirituell Suchender. Doch wie gelingt es, Belastendes, Bedrückendes und Unbewusstes letztgültig und vollkommen loszulassen? In diesem Buch hat der bekannte Weisheitslehrer Chuck Spezzano sich mit großer Intensität genau diesem Thema gewidmet und 50 universelle Prinzipien zusammengefasst, die er auf seinem eigenen Pfad entdeckt und in seiner langjährigen praktischen Beratungsarbeit weltweit erfolgreich eingesetzt hat. Es ist die Quintessenz eines außergewöhnlichen spirituellen Weges, der zum Ziel führte: inspirierende Kontemplationen mit konkreten Fragestellungen, Anregungen und Übungen, mit denen das „Loslassen" keine Idee mehr bleibt, sondern zu einem ganz konkreten, bewussten und realen Akt der Transformation werden kann.

Prinzipien des Seins für ein erfolgreiches Leben

Auf allen Ebenen Fülle erfahren

Chuck Spezzano

Hardcover, 240 Seiten, ISBN 978-3-86616-423-9

Das Geschenk des Lebens in seiner ganzen Fülle, Magie und Schönheit zu erleben, Glück, Gesundheit und Erfolg zu erfahren, ist das göttliche Geburtsrecht eines jeden Menschen, so der international bekannte Weisheitslehrer Chuck Spezzano. Dieses Buch könnte für Sie der Schlüssel dorthin sein. 40 Jahre Erfahrung des spirituellen Lehrens, Forschens und Arbeitens sind die Grundlage für die hier herausgearbeiteten Prinzipien der Wahrheit. Sie bieten kostbare Anregungen, Inspirationen, Reflektionen und vor allem ganz und gar praktische Übungen und Lektionen an, um den Weg ins goldene Zentrum eines erfüllten Seins zu finden. Erfahren Sie das Wunder des inneren Wandels auf dem Weg zu Erfolg und vollkommener Erfüllung.

Dein Herz ruft nach Liebe

Wie deine Partnerschaft erblühen kann

Chuck Spezzano

Hardcover, 224 Seiten, ISBN 978-3-86616-390-4

Die Liebe – immer wieder die Liebe! Was sonst? Solange wir nicht vollkommen durchdrungen sind von dieser alles umfassenden Kraft, die jeden Moment strahlt, pulsiert und uns in ihrer ganzen Zartheit und Lebendigkeit erfüllt, so lange sind wir Lernende. Und erst, wenn unsere Herzen wirklich Quell des nicht endenden Lichts und Mitgefühls geworden sind, erst dann sind wir am Ziel, erst dann haben wir unsere wahre Bestimmung gefunden als wirkender Teil des Göttlichen. Der Autor öffnet uns Türen, zeichnet uns Wege, gibt uns Hinweise, Ausblicke, Inspirationen und nimmt uns an die Hand, um uns sicher durch das innere Labyrinth zu geleiten.

Woran hängt dein Herz?

Prüfe alles und entscheide dich für das Gute

Chuck Spezzano

80 farbige Karten mit Begleitbuch,
Illustrationen von Petra Kühne
Begleitbuch Paperback, 256 Seiten,
ISBN 978-3-86616-391-1

2. Auflage

Was genau braucht es, damit du auf dein Herz hörst und ihm folgst? Uneingeschränkt und bedingungslos. Welche Hindernisse, welche Fallen, welche Irrtümer und Illusionen (Götzen) sind es, die dich noch immer zurückhalten auf dem Weg in die Freiheit und Liebe? Mit diesem neuen Kartenset des weltbekannten spirituellen Lehrers Chuck Spezzano hast du ein wirkungsvolles Werkzeug, um alldem auf den Grund zu gehen. Anhand des aus der Mode gekommenen Begriffes „Götze" durchleuchtet Spezzano all unsere Illusionen, an die wir uns aus Angst oder Unwissenheit, bewusst oder unbewusst noch immer klammern. Wenn du bereit für das Licht der Wahrheit bist und fest entschlossen, Deine Schattenanteile anzuschauen, dann könnte dieses Kartenset genau „dein Ding" sein!

Das Spiel des Lebens gewinnen

Die menschliche Existenz auf eine höhere Ebene bringen

Chuck Spezzano

Hardcover, 288 Seiten, ISBN 978-3-86616-376-8

Solange Du Deine Muster, Widerstände und Konditionierungen nicht wirklich erkannt und aufgelöst hast, bist Du ein Gefangener in diesem Spiel des Lebens. Die Frage ist ja: Worauf wartest Du? Und: Bist Du bereit für den nächsten Schritt? Dieses Buch kann die Eintrittskarte zu einem neuen Leben in einem erwachten Dasein werden. In seinem unermüdlichen Drang nach globaler Transformation und Heilung konfrontiert uns der weltberühmte Weisheitslehrer Chuck Spezzano schonungslos mit uns selbst und all unseren versteckten „Ego-Spielchen"! Es ist Zeit, den nächsten Level des Bewusstseins zu erreichen, und dieses Buch ist eine große Chance, das alte Spiel zu beenden, um im wahrhaftigen SEIN neu zu beginnen. In jedem Moment! (Your turn) Jetzt bist Du dran!